641. 59714 L5491M

BIBLIOTHEQUE MUNICIPALE
ᒍ ᔕᑕᑭᖇIT   125

D1131873

Le mystère insondable du pâté chinois

JEAN-PIERRE LEMASSON

Le mystère insondable du pâté chinois

 AMÉRIK MÉDIA

Catalogage avant publication de Bibliothèque et Archives
nationales du Québec et Bibliothèque et Archives Canada
Lemasson, Jean-Pierre.
Le mystère insondable du pâté chinois
Comprend des réf. bibliogr.
ISBN 978-2-923543-13-0

1. Cuisine québécoise
2. Gastronomie - Québec (Province)
3. Québec (Province) - Moeurs et Coutumes
I. Titre.

TX715.6.L45 2009   641.59714   C2009-940980-1

AMÉRIK MÉDIA
3523, rue Gertrude
Verdun, (Québec)
H4G 1R4
Téléphone : 514 652-5950
Télécopieur : 514 504-6290
www.amerik-media.com

Distribution : **ÉDIPRESSE**
945, avenue Beaumont
Montréal, (Québec)
H3N 1W3
Téléphone : 514 273-6141
Sans frais : 1 800 361-1043
Télécopieur : 514 273-7021

Édition: Julien Brault
Direction artistique & design graphique : François Joron
cargocollective.com/joron
Couverture & illustrations : Nicolas Carmine
nicocarmine.com
Photos alimentaires : Jenny de Jonquières
Photos d'événements : Dominick Gravel
Révision : Sylvie Lallier

Dépôt légal : 2009
Bibliothèque nationale du Québec
Bibliothèque nationale du Canada

IMPRIMÉ EN CHINE

© Amérik Media
TOUS DROITS RÉSERVÉS POUR TOUS PAYS

Table des matières

Le mystère insondable du pâté chinois

Toutes les sociétés ont leur mystère, leur secret collectif portant tantôt sur leurs origines, tantôt sur des moments particuliers de leur histoire. Au Québec, nous ne sommes pas en reste, mais à n'en pas douter, une de nos énigmes les plus lancinantes est sans conteste celle de l'origine du pâté chinois. Une telle affirmation peut surprendre un esprit peu attentif aux préoccupations collectives. Pourtant, les médias reviennent inlassablement sur le sujet depuis des années. Des entrevues de chefs patentés à celles des gastronomes amateurs, des *quiz* aux capsules éducatives, des émissions publiques aux entrefilets publiés dans les journaux, la question revient régulièrement sur le tapis : d'où vient le pâté chinois ?

Avant que la moindre réponse ait été esquissée, suit une avalanche d'autres questions qui n'attendaient que ce moment pour être formulées. Que savons-nous sur le pâté chinois de manière incontestable ? Qu'est-ce qui tient des mythologies passagères, de la créativité ou du fantasme ? Le pâté chinois est-il de la catégorie des appellations culinaires incontrôlables, des objets insaisissables aux grands esprits ? Est-il québécois ou américain ? Alors pourquoi, se prétendant chinois, a-t-il pris un nom d'emprunt ? Ces questions apparemment simples comme un jeu d'enfant sont cependant plus difficiles qu'il n'y paraît. Sinon, nous aurions depuis longtemps d'incontestables réponses.

Qu'on ne s'y trompe pas : notre curiosité n'est pas gratuite. Le choix du pâté chinois ne tient pas du hasard, mais plutôt de la nécessité. Sa notoriété médiatique nous dit bien qu'il n'est pas un plat ordinaire qu'on mange sans y penser. En effet, le pâté chinois tient une place à part dans nos assiettes et dans nos cœurs. Si d'aucuns pouvaient le soupçonner, le Québec entier en a eu la révélation quand le pâté chinois fut proclamé plat national par le quotidien *Le Devoir* en 2007. Le sol gastronomique du Québec a connu un immense tremblement. Un plat aux allures des plus prolétaires était élu le représentant du goût collectif. Grand emblème de notre identité culinaire, le pâté chinois entrait dans la légende. Et pourtant, nul ne savait d'où il venait… N'est-ce pas là un étrange paradoxe d'être à la fois tous unis dans le même amour gustatif et également solidaires dans l'ignorance de son histoire ?

Nous allons donc tenter de remonter le temps et de suivre les différentes pistes qui s'offrent à nous pour voir jusqu'où elles nous mènent. Même si le matériel manque cruellement, nous ne négligerons rien qui puisse nous conduire à la compréhension d'un mystère toujours entièrement préservé. Ramassant indices, témoignages, recettes, éléments de tout ordre, nous essaierons de faire notre miel de tout ce qui jetterait une lumière sur le moment et le lieu de son apparition.

La grandeur du pâté chinois

Avant sa prodigieuse reconnaissance, le pâté chinois n'était pourtant pas un moins que rien. Sa réputation était déjà sérieusement établie et, si sa grandeur n'avait pas pris toute sa mesure, le divin pâté avait déjà une solide notoriété. Examinons-la de près.

Le pâté chinois :
un grand classique de notre table

Avant toute chose, il est essentiel de décrire notre pâté chinois dans sa version classique, celle dont se sont régalées tant de générations. Cela nous évitera par la suite bien des quiproquos et, en tout premier lieu, l'étonnement du touriste qui, découvrant le plat, reste bouche bée, incapable de le manger, sinon des yeux, tant il ne comprend pas en quoi l'art de la cuisine chinoise s'y exprime. Non seulement l'étranger est-il surpris de constater que les canons du plat échappent aux règles de bases d'une cuisine millénaire, mais il se rend compte que l'usage du wok est techniquement inutile pour préparer un tel plat dont tous les ingrédients sont si typiquement occidentaux.

Comme plusieurs plats familiaux au Québec, le pâté chinois est une œuvre culinaire faite de couches superposées de diverses catégories d'aliments. En l'occurrence, il y en a trois qui fondent notre sainte trinité alimentaire. La première couche, au fond du plat, est constituée de bœuf haché. J'entends déjà toutes sortes de cuisiniers affirmer qu'ils mettent aussi du porc ou du veau, ou un mélange de plusieurs viandes. D'autres nous rappellent qu'il ne faut pas oublier l'oignon. D'autres encore se cabrent à l'idée que, dans bien des familles, cette viande provient des restes de la veille ou de l'avant-veille alors que, pour d'autres, la fraîcheur du produit est sacrée… Mettons de côté un moment les différends et convenons que cette première couche est, dans la majorité des familles, faite de bœuf haché, préalablement revenu en poêle et plus ou moins asséché selon la durée de la cuisson.

La seconde couche est aussi sujette à débat, mais là encore, il nous faut invoquer votre indulgence car, en matière de maïs, ou de blé d'Inde pour les puristes de la langue, des guerres fratricides peuvent aussi s'engager. Quel maïs ? Frais égrené à l'automne pour concocter de délicates saveurs ou du maïs en boîte ? Du maïs en grain ou du maïs en crème ? Et dans quelle proportion l'un et l'autre, sans compter que certains font au passage l'éloge de certaines marques évidemment concurrentes ? Laissons encore la chicane de famille et convenons simplement du fait que la seconde couche est faite de maïs.

La troisième et dernière couche est celle des pommes de terre en purée ou pilées (c'est au choix). La variété de la patate pourrait faire l'objet de digressions infinies tout comme l'exact mélange de purée avec ou sans lait, gras, beurre… Cette couche est-elle ou non gratinée, recouverte d'autres ingrédients ? À cette étape, ce sont des détails pour comprendre le plat, même si tous ont une importance considérable dans le régal final. Accordons-nous seulement pour dire qu'au sommet du plat s'étale, dans une pureté impressionnante, une couche de patates en purée lisse, ou aux replis ondulés par une cuillère ou une spatule, qui promet la satisfaction aux petits… et aux grands.

Cette trilogie stratifiée dans un ordre immuable est l'essence du pâté chinois, son identité première telle qu'elle est imprimée à jamais dans tous les cerveaux québécois et telle qu'elle laisse confondu le touriste toujours frappé par le mystère de sa dénomination. Cette structure est celle de l'ordre classique quelle que soit la forme du plat dans lequel il est cuisiné. Que le plat soit rond, ovoïde, rectangulaire ou carré, le pâté chinois s'adapte à tous les contenants et accepte des profondeurs variées. Il accepte des plats de métal, de verre, de CorningWare ou de fonte. Presque tout ce qui va au four lui convient, mais on ne touche pas à sa structure; sinon, il n'est plus lui-même. Sa personnalité s'écroule et, avec elle, une notoriété connue dans toutes les cours d'école. Or, c'est là que le pâté chinois a établi une fonction sociale indispensable : celle d'être notre ciment social.

LE *SHEPHERD'S PIE* OU PÂTÉ DE BERGER

BIEN DES GENS CROIENT QUE NOTRE PÂTÉ PROVIENT DU *SHEPHERD'S PIE*. ERREUR.
CE PLAT ÉCOSSAIS D'ORIGINE, SOUVENT REBAPTISÉ PÂTÉ DU BERGER, ÉTAIT FAIT
À PARTIR DE VIANDE DE MOUTON HACHÉE ET DE POMMES DE TERRE. TOUTE SORTE
DE VARIANTES ONT VU LE JOUR, DONT CELLE PRÉSENTÉE DANS LE JOURNAL LA
PRESSE DANS LES ANNÉES 1930 COMME ON LE VERRA PLUS LOIN.

LE HACHIS PARMENTIER : UN COUSIN FRANÇAIS

LE HACHIS PARMENTIER TIENT SON NOM D'UN CERTAIN PARMENTIER, QUI A ESSAYÉ DE CONVAINCRE LES FRANÇAIS DE MANGER DES PATATES PLUTÔT QUE DE CREVER DE FAIM. NOUS ÉTIONS À LA FIN DU 18^E SIÈCLE. LE FAMEUX HACHIS EST FAIT D'UNE COUCHE DE VIANDE DE BŒUF HACHÉ TAPISSANT LE FOND DU PLAT ET DE PATATES EN PURÉE. BIEN SÛR, IL PEUT Y AVOIR DIVERS ASSAISONNEMENTS, MAIS LA GRANDE DIFFÉRENCE EST L'ABSENCE DE BLÉ D'INDE QUE LES FRANÇAIS N'ONT DÉCOUVERT QUE RÉCEMMENT POUR LA CONSOMMATION HUMAINE.

Le pâté chinois :
le ciment national de notre assiette

Il est dommage que personne n'ait jamais entrepris de faire la sociologie du pâté chinois. Les enquêtes sur les comportements alimentaires des Québécois n'en font pas expressément mention. Désolant. Déprimant. Renversant. Pourtant, il ne faut pas être grand clerc pour savoir que le pâté chinois est un plat redoutablement présent dans nos vies. Tous les enfants mangent du pâté chinois. Que ce soit sur la table à manger familiale ou dans la boîte à lunch, la découverte de ce plat familier procure un supplément de bonheur. Car le pâté chinois, toutes les mamans le savent, est bon, très bon pour le moral des enfants.

Populaire dans toutes les familles, ce plat est aussi formidablement démocratique, car son existence se constate dans toutes les couches sociales. C'est un plat républicain dans son esprit, dont l'accessibilité est quasi universelle et dont la version classique le protège de variations de classes marquées. Que ce soit dans les familles ouvrières de l'est montréalais ou dans celles plus intellectuelles d'Outremont, les tables résonnent de la même joie à voir arriver le plat fumant. Une même frénésie saisit les grands et les petits qui en redemandent. Le pâté chinois est un tel régal qu'il faut s'y prendre toujours au moins par deux fois, non pas pour calmer sa faim, mais surtout, pour calmer son appétit !

PÂTÉ CHINOIS ET DÉPENDANCE : PRISE 1

J'AI CONNU UN JEUNE COUPLE QUI, DANS SES DIVERS VOYAGES À L'ÉTRANGER AVEC LEURS DEUX ENFANTS, NE POUVAIT SE PASSER DE PÂTÉ CHINOIS. QUE CE SOIT EN ITALIE, EN FRANCE OU AU BRÉSIL, LADITE FAMILLE ÉTAIT SAISIE D'UNE IRRÉSISTIBLE ENVIE DE PÂTÉ CHINOIS AU BEAU MILIEU DE SES VACANCES. APRÈS LES ACHATS FAITS EN TOUTE HÂTE, LE PÂTÉ EMBAUMAIT L'APPARTEMENT LOUÉ ET TOUTE LA FAMILLE CÉLÉBRAIT ALORS LE GÉNIE QUÉBÉCOIS, OUBLIANT POUR UN TEMPS LES JOIES DE LA CHOUCROUTE OU DE LA FEIJOADA.

Le pâté chinois transcende les clivages ville-campagne. Il se mange à Gaspé, Saint-Julien, Amos, Longueuil ou Coaticook. Il se mange avec le même plaisir à la grandeur du Québec. Le moindre village en dégage les arômes et, dans toutes les chaumières, des villes moyennes à la métropole, le fumet annonciateur de la cuisson du plat répand autour de lui le bonheur de vivre. L'Abitibi en mange, les Cantons-de-l'Est, le Saguenay… Bref, toutes les régions en mangent à l'unisson.

Monument de la cuisine familiale, le pâté chinois entend bien le rester même quand les mamans travaillent. En effet, tous les supermarchés qui se respectent offrent une version congelée et prête à manger du plat tant désiré. Même si la version commerciale peut susciter des critiques acerbes, notamment à cause du poids de la viande par rapport à celui des autres ingrédients, il n'en reste pas moins que le plat ne reste pas longtemps dans les frigos verticaux des commerçants… Il se vend bien. À la tonne. Ce faisant, il est mis en réserve pour toutes les occasions de manière à faire face à tous les imprévus. Le pire serait d'être en rupture de stock.

On le trouve même dans plusieurs restaurants, souvent précédé d'une soupe ou d'une salade. En effet, bien des chefs ne résistent pas au plaisir d'offrir à leurs clients un plat si chargé de bons souvenirs, un plat familier que l'on classe dans cette vague catégorie du *comfort food*. Par bonheur, il échappe aux tentacules des chaînes de restauration rapide. Malgré sa simplicité, il se prête mal à la standardisation. Il faut qu'il ait du goût, une fraîcheur, un moelleux irréprochable que seuls les restaurants de quartier sont susceptibles de bien réussir. Alors, avec quelques collègues de travail triés sur le volet, le midi, on va se régaler; modestement, mais avec un plaisir rarement égalé.

PÂTÉ CHINOIS ET DÉPENDANCE : PRISE 2

MÊME NOS SOLDATS SUR LES THÉÂTRES D'OPÉRATIONS ÉTRANGERS ONT BESOIN DU PÂTÉ CHINOIS, COMME EN TÉMOIGNE CET EXTRAIT D'UN REPORTAGE PUBLIÉ DANS L'ACTUALITÉ IL Y A QUELQUES ANNÉES : « [LES] 845 SOLDATS CANADIENS EN POSTE DANS CE PAYS [SOMALIE] RAVAGÉ PAR LA GUERRE ET LA FAMINE N'HÉSITENT PAS À ÉCHANGER LEURS RATIONS — UN CHOIX DE 15 METS, ALLANT DES OEUFS ET JAMBON AU POPULAIRE PÂTÉ CHINOIS - AVEC LES SOLDATS DES 19 AUTRES PAYS MEMBRES DE LA FORCE D'INTERVENTION. »[1] COMME QUOI LE MORAL DES TROUPES N'EST PLUS DANS LE CHEWING GUM OU LE COCA-COLA DES GI !

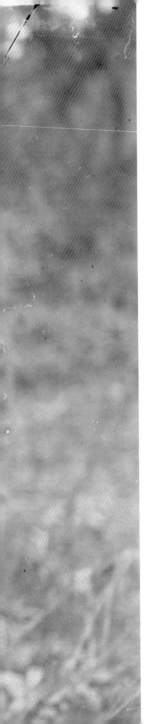

Quelle qu'en soit la critique gastronomique, le pâté chinois nourrit chaque jour des milliers de personnes, de l'étudiant au col bleu en passant par les employés de bureau. Le pâté chinois est si répandu dans toute notre société, se mange si fréquemment, qu'il est devenu consubstantiel à notre identité alimentaire. Il est notre expérience commune, notre matrice sensorielle qui, insensiblement, est devenue la base de notre patrimoine culinaire.

Savoir combien de fois par semaine le Québécois moyen mange du pâté chinois aurait été une information capitale pour comprendre nos comportements alimentaires. Cependant, puisque les autorités statistiques nous laissent face à nos coutumes les plus enracinées sans nous souffler le moindre chiffre, nul ne peut contredire ce qui tient de l'observation la plus élémentaire. Il suffit de se poster à un coin de rue et de demander aux passants s'ils connaissent le pâté chinois. Tous, plutôt que de fuir l'enquêteur, éclateront d'un rire franc prouvant la joyeuse force évocatrice du plat. Seuls quelques immigrés de la toute dernière vague, ne connaissant pas notre trésor, nous regarderont l'œil étonné, mais rapidement, eux aussi ne pourront faire autrement que de s'abandonner définitivement au même appétit.

Le pâté chinois :
plus qu'un plat, une référence culturelle

En plus d'assurer la dilatation des estomacs québécois de tous âges dans tous les recoins de la province, le pâté chinois est devenu une référence incontournable de notre vie culturelle. Qu'on en juge.

Qui n'a pas entendu parler de ce fameux documentaire réalisé par Philippe Falardeau décrivant les tribulations d'un espion chinois en notre beau pays ? Le titre de l'œuvre : *Pâté chinois*. Tout simplement.

Un autre cinéaste portant le même nom sans pour autant être le père de l'autre, Pierre Falardeau, s'intéresse lui aussi, et ce, depuis longtemps, à notre plat national. Ainsi, dans *Elvis Gratton II : Miracle à Memphis*, la discussion avec les organisateurs d'une tournée mondiale de notre héros se fait autour d'un bon plat de pâté chinois, dont le nom est si difficile à prononcer pour un anglophone :

- « *Pôté chi-no-A* », dit l'imprésario.
- « *Pauté chi-noé* », corrige aussitôt Elvis.

Pendant ce temps, la caméra montre comment Méo, l'éternel acolyte de Gratton, est en train de noyer le « pauté » sous une quatrième couche de ketchup d'un rouge vibrant, fasciné qu'il est par les seins d'une belle blonde en face de lui.

pauté chi-noé

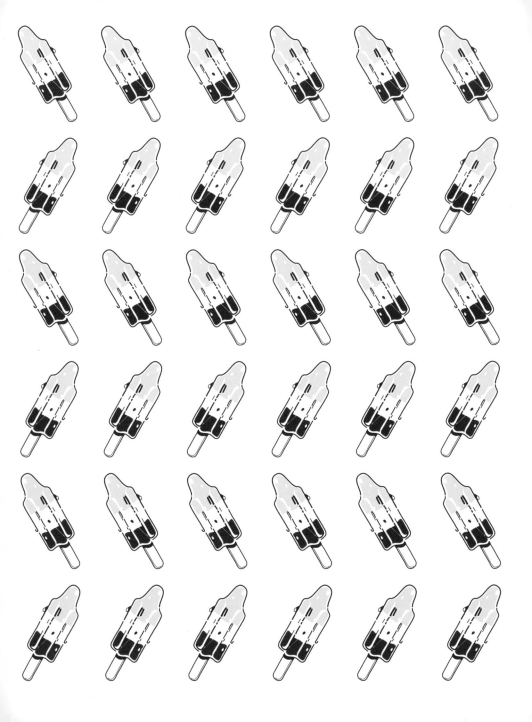

L'une des œuvres maîtresses consacrées au pâté chinois est, tout le monde l'aura compris, *La petite vie*. Le pâté chinois n'y est plus un plat, c'est un personnage à part entière qui revient dans de nombreux épisodes comme une obsession à laquelle il n'est pas possible d'échapper. Le pâté chinois fait irruption aux moments et sous les formes les plus inattendus. Après plus de 300 essais, Thérèse ne parvient toujours pas à faire un pâté chinois « classique », puisque l'ordre sacro-saint des couches ou leur composition ne sont jamais ce qu'ils auraient dû être... au grand plaisir du téléspectateur, qui découvre ainsi des pâtés qui défient l'imagination.

Du « steak, blé d'Inde, patates » sous forme de Popsicle à celui en verrines prémonitoires, en passant par un autre où un *T-Bone* entier est recouvert d'épis complets de blé d'Inde, Thérèse cherche avec obstination à démontrer sa maîtrise culinaire du pâté familial. Chaque essai est une nouvelle création prouvant que le pâté chinois est un plat formidablement inspirant. Par exemple, ce pâté chinois où l'ordre est enfin respecté (steak, blé d'Inde, patates), mais où les couches, au lieu d'être superposées, s'étalent au fond d'un plat de gauche à droite. Du coup, comment ne pas penser que nous sommes en présence des trois bandes d'un nouveau drapeau québécois ? Et que dire de cette fulgurante vision faite avec des bananes, de l'ananas et de la crème fraîche ? Pour un peu que les bananes soient oxydées, vieilles à souhait, les couleurs y étaient. Un des sommets, pourtant, est le rêve de Môman, qui se débarrasse des indésirables en les envoyant « s'effoirer » dans les patates pilées d'un pâté chinois en forme de lointaine planète. Les importuns en ce bas monde se retrouvent ainsi propulsés dans l'enfer marécageux et sidéral des patates pilées !

Le Québec entier a vu et revu ces scènes légendaires et, grâce à la magie du DVD, peut les revoir confortablement en famille pour encore et encore en rigoler, mais aussi, pour prodiguer des encouragements à Thérèse, afin qu'elle ne lâche pas malgré les toutes difficultés.

Depuis ce temps, notre inconscient collectif, marqué au fer rouge de l'humour, répète à la moindre difficulté le plus célèbre de nos mantras : « Steak, blé d'Inde, patates ; steak, blé d'Inde, patates ; steak, blé d'Inde, patates... » De cette façon, nous espérons conjurer le sort et réussir à nous convaincre que nous sommes capables de réaliser nos plus secrets désirs. Et, de fait, dans ce refrain que peuvent reprendre en chœur toutes les familles du Québec, nous puisons la force de faire face aux plus grands défis de nos existences. Il paraît que certains répètent l'incantation même la nuit.

Michèle Nevert, dont le sens de l'humour n'a d'égal que la sagacité, se plaît à montrer à quel point ce sacré pâté est une source intarissable de créativité dans son essai intitulé *La petite vie, les entrailles d'un peuple*[2]. Le pâté chinois est un formidable détonateur de création culinaire comme nous aurons souvent l'occasion de le montrer.

Du coup, lorsque quelqu'un dit : « Steak, blé d'Inde, patates », il annonce la débilité de celui qui n'arrive pas à faire des choses jugées des plus élémentaires et met ainsi les rieurs de son côté... Dans la foulée, une nouvelle expression est née : « Vivre son pâté chinois ». Vivre son pâté chinois, c'est vivre dans le chaos, avoir du mal à s'en sortir, subir des épreuves quasi insurmontables. Vivre son pâté chinois, au Québec, c'est pour d'autres cultures « patiner dans la semoule » !

Le pâté chinois a aussi pris sa place en littérature. André Montmorency, acteur connu de la scène québécoise, n'a pu nommer ses souvenirs de gastronome devant l'éternel que du titre accrocheur *La revanche du pâté chinois*.

Par ailleurs, il est peu d'écrivains québécois qui n'aient pas mentionné, dans un de leurs livres, au détour d'une phrase, la présence du pâté chinois. D'Yves Beauchemin dans *Juliette Pomerleau* à Michel Tremblay dans *Douze coups de théâtre*, en passant par André Major dans *L'épouvantail*, le pâté chinois prend ses aises, occupe la scène, fait parler de lui, et ce, le plus souvent à son avantage. Il a le sens de la pose, du clin d'œil et s'inscrit dans tous les esprits tout autant que dans les papilles gustatives.

Présent dans les arts, le pâté ne laisse pas non plus sa place dans la culture, dans son sens anthropologique. Il est désormais au cœur de nos rites collectifs. Ainsi, les fêtes de charité sont, à bien y regarder, de formidables opportunités de promotion du pâté chinois. La toute première association qui a découvert les vertus caritatives du pâté chinois fut la Fondation Horace-Boivin. Cette dernière, en organisant une dégustation de pâtés chinois préparés par des chefs de la région de Granby, avait pour but de recueillir des fonds susceptibles d'aider les personnes âgées en hébergement de longue durée. Véritable succès de longévité, cette dégustation est devenue un événement que, d'une année à l'autre, on attend avec impatience et une curiosité renouvelée. Certains, parmi les plus lyriques, l'appellent désormais le « Mondial du pâté chinois » ! C'est tout dire !

Inspirée par le succès granbyen, depuis trois ans, la Chambre de commerce et d'industrie de Shawinigan organise elle aussi une grande dégustation de pâté chinois. On invite alors des chefs à se lancer dans des versions inédites du célèbre plat afin de payer une partie des frais d'un stage professionnel en France offert à de jeunes étudiants. Si les jeunes aiment le pâté chinois, le pâté chinois aime aussi les jeunes, car le succès de la campagne de financement est incontestable.

Et voilà que la Fondation de l'Orchestre symphonique de Longueuil nous chante aussi la pomme… avec du pâté chinois. En mai 2009, pour la troisième année consécutive, près de 500 convives, dans une organisation complexe et sans fausse note, se sont délectés dans un climat bon enfant des créations des chefs de la région. Et le tout sur fond musical, où de jeunes talents se sont fait valoir pour notre plus grand plaisir. Les invités ont partagé les agapes de la générosité, tout aussi impressionnés par les différents styles des chefs que par une logistique audacieuse. La nuit suivante, les petits pâtés épatants ont traversé les rêves de chacun. L'encadré de la page suivante ne vous donne qu'une mince idée du plaisir et de la convivialité de cet événement qui se déroule à guichets fermés.

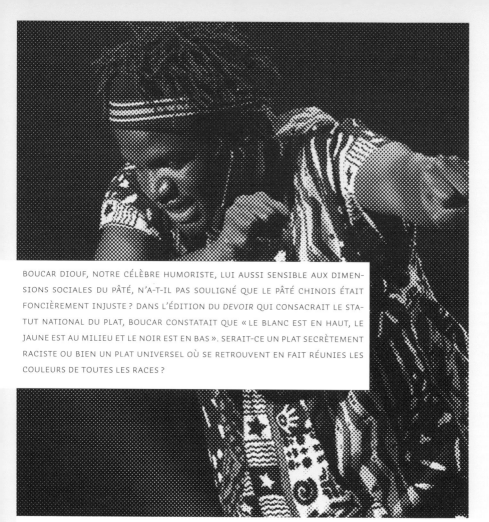

BOUCAR DIOUF, NOTRE CÉLÈBRE HUMORISTE, LUI AUSSI SENSIBLE AUX DIMENSIONS SOCIALES DU PÂTÉ, N'A-T-IL PAS SOULIGNÉ QUE LE PÂTÉ CHINOIS ÉTAIT FONCIÈREMENT INJUSTE ? DANS L'ÉDITION DU *DEVOIR* QUI CONSACRAIT LE STATUT NATIONAL DU PLAT, BOUCAR CONSTATAIT QUE « LE BLANC EST EN HAUT, LE JAUNE EST AU MILIEU ET LE NOIR EST EN BAS ». SERAIT-CE UN PLAT SECRÈTEMENT RACISTE OU BIEN UN PLAT UNIVERSEL OÙ SE RETROUVENT EN FAIT RÉUNIES LES COULEURS DE TOUTES LES RACES ?

LES PETITS PÂTÉS ÉPATANTS

ENCADRÉ PAR UNE ENTRÉE ET UN DESSERT PRÉPARÉS PAR LES FUTURS CHEFS DE L'ÉCOLE JACQUES-ROUSSEAU, LE PLAT PRINCIPAL EST BIEN ENTENDU LE PÂTÉ CHINOIS. EN FAIT, IL SERAIT PLUS JUSTE DE DIRE LES PÂTÉS CHINOIS, CAR LES CONVIVES PEUVENT CHOISIR, PARMI LA VINGTAINE DE CRÉATIONS, QUELQUE QUATRE PÂTÉS DIFFÉRENTS ET, AINSI, DÉCOUVRIR DIVERS STYLES ET IMAGINAIRES CULINAIRES. ET, POUR UN PEU QUE LA VOISINE SOIT BELLE ET PRÊTE À PARTAGER AVEC CONSTANCE CHACUN DE SES PETITS PÂTÉS (EN TOUT HONNEUR), C'EST HUIT PÂTÉS DIFFÉRENTS QUI VOUS PASSENT SUR LES PAPILLES DANS LA SOIRÉE... VÉRITABLE EXERCICE DE DÉGUSTATION GASTRONOMIQUE, CHACUN PEUT Y ALLER DE SES COMMENTAIRES, D'AUTANT PLUS QUE LA FORMULE PERMET AUX CHEFS DE FAIRE DE SUPERBES MONTAGES DIRECTEMENT EN ASSIETTE. LES PETITS PÂTÉS ÉPATANTS ALIMENTENT LA CONVERSATION AUTANT QUE LES ESTOMACS...

Manger du pâté chinois, c'est être du côté du cœur, du don, de la générosité avec laquelle le pâté est si souvent associé. Que ce soit pour les personnes âgées ou les jeunes, le pâté chinois renvoie de l'amour et offre à tous le sentiment d'être en famille. Nous constatons ainsi que le pâté chinois, plat familial par excellence, est de plus en plus souvent un plat social de réjouissance et devient prétexte à un événement vraiment festif auquel tous participent avec bonheur. Désormais, le pâté chinois entre, par la grande porte, dans nos rites sociaux de commensalité.

Nos penseurs n'ont pas hésité non plus à montrer sa richesse anthropologique. Serge Bouchard et Bernard Arcand, dans un dialogue aux profondeurs abyssales, ne décrivaient-ils pas le pâté chinois comme la preuve que l'Amérique sait mettre de l'ordre en toute chose et qu'il constituait la preuve tangible d'un génie original? « L'Amérique reçoit et utilise des aliments divers mais elle les place instantanément en rangs. »[3] Et ils ajoutent que le plat doit « être classé, homologué, protégé par le ministère des Affaires culturelles ». C'est tout dire de l'admiration sans borne de nos animateurs de radio, qui multiplient les analyses anthropologiques les plus savantes pour terminer par cette formule digne d'une analyse marxiste : « Dans l'échelle sociale, au delà d'un certain degré, les gens, comme le pâté, deviennent vers le haut de plus en plus gratinés, tandis que vers le bas, ils se complaisent dans le ketchup. » Que pouvons-nous rajouter à tant de lucidité?

Le pâté chinois donne encore une fois raison au grand anthropologue Claude Lévi-Strauss, qui disait que pour qu'un plat soit bon à manger, il faut qu'il soit d'abord bon à penser. Le pâté chinois est pensé de manières si diverses, et dans des circonstances si variées, que nous pouvons comprendre qu'il soit devenu notre plat national.

Le plat national du Québec

Ciment collectif de nos appétits, véritable référence culturelle au cœur de notre quotidien, le pâté chinois est devenu, très exactement depuis le 16 décembre 2007, le plat national des Québécois. En effet, à l'initiative du journaliste Fabien Deglise, *Le Devoir* a organisé avec une rare audace un concours pour identifier le plat national du Québec, rien de moins. L'engouement a été immédiat et les réponses furent rapides. Un vrai déferlement de réactions mobilisant des centaines de personnes eut lieu, sans compter tous ceux qui, en ayant parlé à la maison ou avec les amis, ne se sont toutefois pas donné la peine d'envoyer leurs commentaires.

La compétition fut féroce car, outre le divin pâté, la tourtière était sur les rangs. Imaginez le duel sanglant. Pâté chinois contre tourtière : une lutte digne des jeux romains où l'un des deux gladiateurs doit absolument mourir. Toutes les familles du Québec devaient en frémir et les avis se ranger des deux côtés, quitte à provoquer de profondes ruptures au cœur de la table commune. Le choix était déchirant. Un combat de titans commençait.

C'était aussi sans compter des rivaux en embuscade et dont la présence discrète pouvait aussi faire basculer soudainement les enjeux vers des plats aux réputations plus modestes. Le bouilli québécois veillait, terriblement dangereux, avec ses airs de plat familier inspirant le confort des veillées de chalet. Le ragoût de boulettes et son cousin, le ragoût de pattes, n'avaient pas l'intention de se laisser distancer, pas plus que les fèves au lard et autres plats chers à nos mémoires. Par contre, et malgré des adeptes fortement mobilisés, la poutine est restée dans les limbes. Si quelques jeunes l'auraient sans aucun doute choisie aux petites heures du matin, la grande majorité des Québécois l'a expédié aux oubliettes.

Étonnamment, les plus redoutables adversaires ne furent pas les plus traditionnels, car le poulet grillé et la sauce à spaghetti se montrèrent sous leur vrai visage. Ils étaient prêts pour la lutte fratricide et finirent parmi les premiers, reléguant les plats de grand-mère dans les souvenirs d'antan.

De fait, le duel tant redouté eut lieu. La tourtière du Lac-Saint-Jean, avec ses allures assurées, véritable légende gastronomique régnant sans appel sur nos esprits durant les fêtes de fin d'année, a dû concéder la victoire. Le Saguenay fut commotionné et le deuil s'abattit pendant au moins deux bonnes heures sur le mythique royaume.

Le *vox populi* avait tranché. Dans la clameur populaire, digne vainqueur aux voix, le pâté chinois a été adoubé par une majorité d'experts qui l'ont ainsi élevé au rang culinaire le plus glorieux. La Cour suprême de la gastronomie québécoise était alors composée de Bernard Landry, ex-premier ministre du Québec; Anne Desjardins, chef du restaurant L'eau à la bouche; Hélène-Andrée Bizier, historienne de l'alimentation; Boucar Diouf, humoriste et sérieux à ses heures; Jocelyne Brunet, propriétaire de la Binerie Mont-Royal; et de votre serviteur, Jean-Pierre Lemasson. Entérinant la ferveur publique, la Cour a couronné le modeste plat et l'a déclaré plat national. Un autre jour se levait sur le Québec. Le patrimoine gastronomique du Québec était enfin révélé au grand jour.

Pourtant au sommet de sa gloire, le pâté n'a pu faire oublier que le roi était nu. Au faîte de sa destinée, d'un seul coup, est apparue avec une brutale évidence toute notre ignorance quant à l'origine de notre pâté national. Interrogés, les gens se sont défilés, se sont réfugiés dans un silence profond. Tout le monde était embarrassé. Ce plat national, le premier à être ainsi sacré, d'où vient-il ? Du fond des âges ou est-il un plat tout récent ? Est-ce qu'il vient de nos terres et, si oui, desquelles ? La tourtière se réclame du Saguenay, mais celui qui l'a écrasée, de quelle région serait-il venu ? Comment peut-on décemment hisser notre pâté chinois au rang de plat national sans connaître le moindre début de réponse aux questions de base de son identité ? Cette insupportable incongruité explique l'impérieuse nécessité d'écrire ce livre.

PARTIE 2

L'origine
du pâté chinois

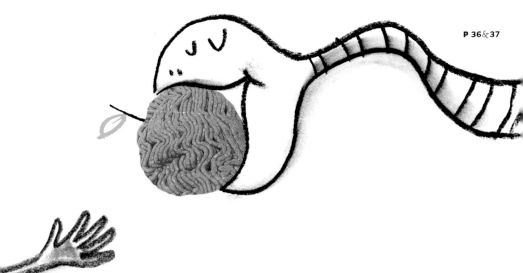

Tenter de retracer l'origine du pâté chinois est, autant le dire d'emblée, un défi presque insurmontable. Les pistes sont nombreuses, plus ou moins fantaisistes, presque jamais documentées, de telle sorte qu'il faut se livrer à un travail qu'un inspecteur de police jugerait au-dessus de ses forces. Comment remonter le temps et retrouver le fil d'Ariane qui ne cassera pas quand la tension deviendra un peu plus grande ? Tant de choses se sont dites et si peu ont été étayées que ne seront retenues ici que les hypothèses les plus crédibles et les plus souvent avancées.

La piste
des travailleurs chinois

À tout seigneur tout honneur. Commençons par cette piste chinoise qui a fait couler de l'encre jusqu'à plus soif : celle des travailleurs chinois qui, à la fin du 19e siècle et au début du 20e, ont été engagés pour construire notre chemin de fer « d'un océan à l'autre ». Une des dernières versions se retrouve par exemple dans le livre de Jean Soulard, *400 ans de gastronomie au Québec*[4], prouvant que non seulement les mythes ont la vie dure, mais aussi, qu'ils ont le pouvoir fascinant de se reproduire… à perpétuité.

Une première remarque est que l'emploi de travailleurs chinois était régulier pour construire les tronçons de la côte Ouest, mais que très peu ont travaillé sur la côte Est et au Québec en particulier. Dans la Belle Province, ce sont davantage des travailleurs italiens qui ont été mis à contribution et non des Asiatiques. Voici quelques questions pour les tenants de cette théorie : pourquoi les anglo-canadiens et, plus particulièrement, ceux de la côte Ouest, ne mangent-ils pas du pâté chinois ? Pourquoi mangeons-nous du pâté chinois alors que les Italiens n'en cuisinaient pas ? Le cœur de la démonstration n'est toutefois pas là.

Pour qui s'intéresse à l'alimentation des travailleurs chinois, il est évident que les Chinois ne mangeaient pas de pâté chinois. Certains sont même allés jusqu'à dire que c'étaient des femmes qui, le long des voies ferrées, préparaient cette nourriture fort appréciée par leurs clients chinois, d'où le nom de pâté chinois. D'autres encore, pleins d'une authentique imagination, ont dit que les ingrédients pour faire le sacré plat étant transportés dans des plateaux de bambou superposés semblables à ceux utilisés pour la cuisson à la vapeur, le résultat des ingrédients mélangés aurait été à l'origine de ce nom… Et quoi encore ? Je suis sûr que d'autres rumeurs aussi farfelues courent, mais malheureusement, elles ne me sont pas parvenues.

David Lee, dans un article écrit en 1983[5], note que les travailleurs chinois mangeaient du riz importé de Chine et cuit à leur convenance avant d'être envoyé au Canada. Pour chaque travailleur, 50 livres de riz par mois étaient prévues et cette disposition était inscrite dans leur contrat de base. Autre confirmation de ce choix alimentaire peu étonnant, celle de Pierre Berton qui, dans son livre *Le grand défi : le chemin de fer canadien*, indique que « les Chinois ne se nourrissaient que de riz et de saumon moulu faisandé […][6] ». Cette quasi-exclusivité culinaire, d'une monotonie exemplaire, était par ailleurs à l'origine, faute de vitamine C, de nombreuses morts dues au scorbut. Dans certains autres écrits, il est mentionné que certains mangeaient aussi du riz avec de la sauce soja…

Pour la vérité historique, il est aussi utile de préciser que les femmes suivant la voie ferrée faisaient, si l'on peut dire, le trottoir, satisfaisant ainsi d'autres appétits. La cuisine, en l'occurrence, était une fonction réservée aux hommes. Certains, une fois la construction du chemin de fer terminée, travailleront comme… cuisiniers et seront à l'origine du développement des restaurants chinois qui, comme chacun sait, n'offrent pas le pâté convoité !

À n'en pas douter, le riz était la nourriture de base de ces travailleurs, nourriture d'une pauvreté certaine pour ceux dont le statut fut pendant un temps plus proche de l'exploitation éhontée que des conditions normales de journalier. Enfin, il n'est pas inutile de préciser qu'à cette époque, en Chine, le bœuf ne se mangeait pratiquement pas. En effet, le bœuf, compagnon de labour des paysans chinois, était un tabou alimentaire[7]. Le confucianisme, le taoïsme et le bouddhisme conjuguent en effet depuis la nuit des temps l'interdit de manger certaines viandes et, par-dessus tout, le bœuf. Les Chinois respectaient le tabou selon lequel on ne mange pas son compagnon de travail. Tout comme les cavaliers romains

n'auraient pour rien au monde mangé leurs chevaux, qu'ils consi-
déraient comme une partie d'eux-mêmes, les paysans chinois ne
mangeaient pas le bœuf, en qui ils voyaient un frère. Même si, à la
fin du 19e siècle, les choses commençaient à changer, surtout dans
les villes, de manière générale, la paysannerie d'où provenaient les
travailleurs chinois restait respectueuse de l'interdit. En somme,
manger du bœuf, surtout voilà un siècle, c'était risquer de s'exclure
de la communauté à laquelle on appartenait.

J'espère que nous avons tordu le cou une fois pour toutes à la piste
ferroviaire. À l'ouest, il n'y a rien de nouveau… sinon une légende
urbaine. Certes, on peut comprendre qu'il faille expliquer le caractère mystérieux de l'expression « pâté chinois », mais comme
il n'existe pas le moindre doute sur les habitudes et le contexte
alimentaires des travailleurs chinois dans les documents sérieux en
la matière, il nous faut nous tourner vers d'autres horizons.

Les pistes américaines

La première piste américaine :
le village de China dans le Maine

Conscients ou non de la voie de garage qu'est… la voie ferrée, d'autres personnes se sont tournées vers le sud, se demandant si nous ne serions pas les héritiers des Américains. Or, de l'autre coté des « lignes », tout particulièrement dans l'État du Maine, existe une petite ville nommée China ! Formidable. Cette fois, nous sommes sur une piste solide… Cette petite ville aurait donc eu comme spécialité le fameux pâté chinois, disons dans la seconde moitié du 19ᵉ siècle. Or, puisqu'en ces temps où l'expansion démographique et la misère forçaient des travailleurs québécois à s'expatrier pour aller travailler dans les entreprises de textile, de métallurgie et dans les moulins à scie des voisins du Sud, il est tentant de conclure que ce plat aurait été tout naturellement ramené au pays par nos hommes déterminés à gagner décemment leur vie.

L'hypothèse de China est séduisante mais, passez-moi l'expression, elle ne tient pas la route, même s'il faut bien reconnaître que plusieurs Québécois de renom se sont prononcés pour cette origine. *L'épicerie*, l'émission de télévision sur l'alimentation diffusée sur les ondes de Radio-Canada, rapportait ainsi les propos de Micheline Mongrain-Dontigny : « L'expression "pâté chinois" vient du nom anglais " *China pie* ". *China pie*, c'est un mets qui était préparé dans la petite ville de China, dans l'État du Maine, aux États-Unis, où plusieurs Québécois provenant de la Beauce et du Bas-Saint-Laurent ont émigré. Certains d'entre eux sont revenus au Québec et ils ont ramené la recette avec eux. [8] » L'explication, à y regarder de près, laisse sans réponse de multiples interrogations.

Première question : pourquoi dans un petit village comme China, qui compte actuellement un peu plus de 4 000 habitants et en avait environ 1 200 entre 1900 et 1930, aurait-on servi un plat local quasi inconnu au répertoire de la cuisine américaine ? De manière surprenante, le recensement de 2000 répertorie un total de 24 Asiatiques dont… un seul Chinois ! Manifestement, il faudrait s'interroger sur les raisons qui ont amené cette ville à s'appeler China !

Le livre de cuisine le plus réputé à la fin du 19e siècle aux États-Unis, celui de Fannie Farmer, la fondatrice de la fameuse école de Boston [9], est totalement muet sur toute forme de pâté chinois. La recette la plus similaire est un *cottage pie*, qui est fait d'une couche de purée de pommes de terre, de bœuf en tranches ou coupé en morceaux, elle-même recouverte d'une autre couche de purée. On retrouve ici les trois fameuses couches… mais rien de plus. Si certains pourraient dire que ce livre est relativement « bourgeois » et ne reflétait pas les coutumes alimentaires des plus pauvres, il faut reconnaître que la place est donnée à un plat encore plus pauvre que le pâté chinois. Manifestement, le pâté chinois, s'il existait alors aux États-Unis, aurait été un secret local bien gardé.

Seconde question : comment est-ce possible qu'un village si petit, même si les travailleurs québécois y étaient nombreux, ait pu donner son nom à un plat d'une importance quasi nationale ? Le retour au pays d'un nombre limité de travailleurs aurait-il pu avoir un effet aussi considérable sur toutes les familles de la province, surtout, comme d'autres hypothèses le laissent croire, si ces travailleurs n'étaient venus que des zones limitrophes à la frontière ? Il y a là ce qu'on pourrait appeler une impossibilité sociologique. Pour que ce plat soit devenu aussi important, il faut qu'il ait été partagé par un grand nombre de personnes.

Troisième question : pourquoi notre fameux pâté s'appelle-t-il « pâté chinois » et non pas « pâté de Chine » ? Après tout, en anglais, « pâté chinois » se traduit par « *Chinese pie* » et non pas par « *China pie* ».

Quatrième question : à supposer que l'origine géographique explique le nom, il n'explique pas du tout la composition du plat. Pourquoi ce plat unique en son genre aurait-il été inventé dans cette petite ville inconnue de tous et non dans une autre localité ? Au fond, si ce n'est qu'en cet endroit que du maïs avait été utilisé et pas ailleurs, comme peut le laisser croire l'absence de pâté chinois dans le livre de cuisine de la Boston Cooking School, pourquoi, justement, la recette a-t-elle été créée dans cette minuscule ville là ?

Si les tenants de la piste « *China pie* » ne sont pas en mesure de répondre à ces questions, alors nous n'avons aucune raison de les croire sur parole. Et, faut-il le mentionner, personne n'a donné le moindre début de réponse à ces questions.

En somme, sans pouvoir démontrer hors de tout doute la fausseté de l'affirmation selon laquelle le pâté chinois provient du village de China, il n'en reste pas moins que cette dernière est totalement invraisemblable du point de vue historique et sociologique. Sans éliminer maintenant l'idée que notre divin pâté soit d'origine états-unienne, l'hypothèse de China est morte et il faut chercher ailleurs.

La seconde piste américaine :
le *Chinese pie*

Le *Chinese pie* existe et, si vous ne l'avez pas rencontré aux États-Unis, c'est sans doute parce qu'il se cache au fond des bois. Il est discret, presque inexistant, mais il n'en existe pas moins, sous de multiples variations. Nous en avons, à partir de plusieurs sources, reconstituer la recette archétypique, appelée « *Chinese pie in a crockpot* » :

On fait revenir du bœuf haché avec des oignons et des poivrons coupés en dés. Le tout est placé au fond d'une mijoteuse (crockpot) et est recouvert de patates coupées en dés et de beurre fondu. Par la suite, du blé d'Inde sucré en grain est ajouté selon des proportions qui peuvent varier. Le tout est mis à cuire durant environ sept heures. Évidemment, les portions varient selon le nombre de personnes.

Étonnant, n'est-ce pas ? Le *Chinese pie* existe, mais il n'est pas le meilleur ami du mangeur québécois. Les ingrédients du plat sont presque les mêmes que ceux de notre pâté chinois, mais leur forme et leur ordre sont des négations radicales de ce dernier. Pour ce qui est de la viande hachée, il n'y a rien à dire, mais d'oser y mettre des poivrons, comme si c'était indiscutable, commence à sérieusement déranger. Que, par la suite, on ajoute sans honte des pommes de terre coupées en dés, voilà qui constitue une agression de plus à notre plat quasi parfait. Si les patates ne sont pas pilées, toute la texture onctueuse disparaît. La glisse en bouche n'est plus un délicat passage. Quelle sensation de plaisir peut-il rester ? Ce plat est un imposteur, une pâle imitation *made in USA*. L'ordre sacro-saint de nos couches est brisé, le moelleux du plat est remis en question et ses qualités visuelles et olfactives complètement altérées.

Pour comble d'insulte, le blé d'Inde recouvre ici le plat, lui donnant une apparence extérieure nettement plus chinoise que le nôtre. Forfaiture ultime, le temps de cuisson est celui d'une tourtière du Lac-Saint-Jean ! Voilà un plat dont le mijoté est la source d'inspiration alors que celle du rôti convient mieux à l'esprit de notre pâté. Pourtant, « *Chinese pie* » peut à juste titre se targuer d'être la traduction de « pâté chinois », même si, manifestement, nous sommes en présence d'un plat différent. Voilà qui ne fait que compliquer un peu plus les choses.

Si nous étions naïvement convaincus que notre démarche pourrait aisément faire la lumière sur le mystère entourant le pâté chinois, il nous faut déchanter. Plus la recherche avance, moins elle se simplifie… Ceci dit, il faut se demander si la dénomination « *Chinese pie* » ne résulterait pas d'une certaine parenté avec notre glorieux pâté. Les deux plats seraient-ils un peu cousins de la fesse droite ou gauche ? Il faudrait des bataillons d'historiens de l'alimentation pour répondre rigoureusement à cette méchante question, mais une chose est sûre : il serait possible que les deux plats aient une racine commune et que le temps ait fait en sorte que les deux variations se soient progressivement développées au point où, par la suite, chacune ait évolué indépendamment. Si tel est le cas, à quand remonterait la naissance dudit plat avant leur séparation ?

Ces questions ne peuvent, hélas, que rester sans réponse à cette étape et, comme nous ne sommes pas à une hypothèse près, une autre, celle-là plus troublante encore, mérite d'être examinée à son tour.

La troisième piste américaine :
les moulins à scie du New Hampshire

Cette piste est peu connue et c'est grâce à Julian Armstrong, journaliste à *The Gazette*, que nous avons été mis en relation avec un étudiant américain pour qui le pâté chinois n'avait que très peu de secrets. Allez savoir pourquoi, John Fladd s'est entiché d'un sujet qui, typiquement québécois, peut désormais être considéré comme relevant des relations internationales. Quoi qu'il en soit, le message de notre informateur, qui a pris soin de contacter la société locale d'histoire du Maine, est sans ambiguïté. Il n'y a aucune trace historique de pâté chinois dans la région. Voilà qui règle son compte à notre première piste américaine. Toutefois, ce jeune étudiant et ses camarades ont poursuivi leurs recherches dans l'État voisin, le New Hampshire. Le pâté chinois semblait y être en effet un plat connu dans des villes où prospéraient les moulins à scie. Le résultat de leur enquête est exposé dans le tableau de la page suivante, où l'on voit que le pâté chinois, sous le nom de « *Chinese pie* » ou de « *China pie* », était familier à certains habitants… Notre plat n'était donc pas un fantôme. En fait, tout porte à croire que ce dernier ait existé là où des concentrations significatives de travailleurs ou d'immigrants québécois se sont installées.

Les choses deviennent particulièrement intéressantes, puisque cette concentration de Québécois dans les zones concernées accrédite l'idée que ce plat est en quelque sorte une spécialité québécoise, un plat caractéristique des francophones vivant dans cette région. Nous pourrions même penser qu'il pouvait être le plat de tous les francophones vivant en Nouvelle-Angleterre, mais malheureusement, aucune trace écrite n'existe à ce sujet. Ainsi, le pâté chinois ne serait-il pas, contrairement à toutes les explications jusqu'ici entendues, un plat préparé, voire inventé, par des Québécois vivant aux États-Unis ?

Whitefield

Serait-il le fruit de notre création culinaire collective, une expression forte de nos racines et non un plat de nos voisins américains ?

Bethlehem

302

Twin Mountain

16

D'un seul coup, toute la perspective change. Cet éclairage nouveau donne un sens qui jusqu'ici échappait à diverses questions. Si le pâté chinois est une création québécoise, cela permettrait de comprendre pourquoi il était méconnu des Américains. Plutôt que de ne venir que d'un minuscule village insignifiant, il aurait été le plat d'une communauté francophone importante, travailleurs saisonniers et émigrés, répartis dans plusieurs régions de la Nouvelle-Angleterre où se trouvaient bien entendu les moulins à scie, mais plus largement, les concentrations de travailleurs francophones. En 1900, on recensait quelque 518 000 Franco-Américains en Nouvelle-Angleterre[10] répartis dans plusieurs communautés très structurées et suffisamment nombreuses pour partager des plats communs. Il serait donc tout à fait plausible, cette fois-ci, que nos ancêtres en exil puissent avoir influencé les habitudes des Québécois de la mère patrie. Un des autres avantages de cette possibilité est que l'on comprendrait pourquoi, en anglais, on parle de « Chinese pie » et non de « China pie ». En effet, « Chinese pie » est bien la traduction de « pâté chinois ». Cela permettrait de comprendre aussi que des recettes de Chinese pie existent aux États-Unis, tout en étant à la fois rares et différentes de notre plat national.

Lincoln

N e w   H a m p s h i r e

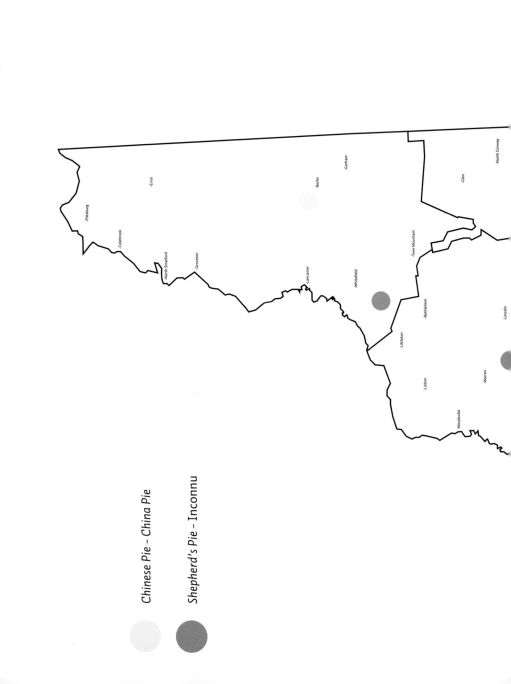

Chinese Pie – China Pie

Shepherd's Pie – Inconnu

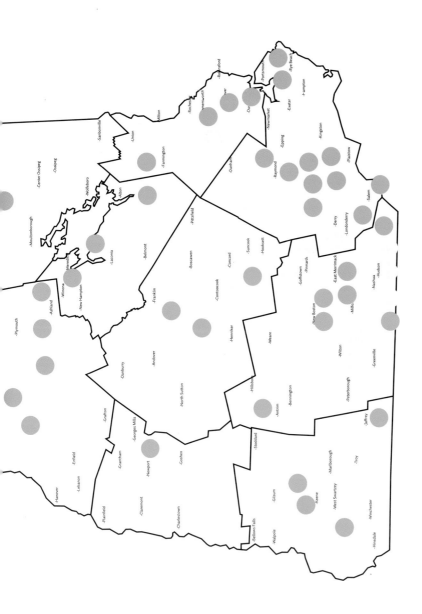

Quand un plat est adopté par d'autres communautés que celle d'origine, il n'est pas rare qu'il soit l'objet de toutes sortes de variations, le plat s'ajustant ainsi au goût des nouveaux adeptes. Son adoption par certains Américains serait-elle un hommage à notre bon goût ?

Dans cet esprit, il est fascinant que notre jeune chercheur ait pu dénicher des traces tangibles du *Chinese pie* précisément dans l'un des villages où, autrefois, travaillaient nos ancêtres. Ainsi, dans un livre local de Deerfield, au New Hampshire, on retrouve une recette de pâté chinois évidemment appelée « *Chinese pie* ». Il était fait de viande hachée, de petits pois et de pommes de terre en purée… Vous avez bien lu : « petits pois ». Ce n'est pas notre pâté chinois ! Nous l'espérions. La rencontre aurait été formidable et nous aurions enfin un certificat de naissance officiel… Toutefois, la déception n'est pas si terrible, car cette recette de 1935 est le premier témoignage écrit de l'existence du pâté chinois et d'une version terriblement similaire à la nôtre, n'eût été le remplacement du maïs par des petits pois, qui lui donne une touche plus française qu'américaine.

Tous ces éléments suggèrent donc que le pâté chinois était bien un plat consommé par des Canadiens français, parfois appelés les Franco-Américains, aux États-Unis. Déjà, en 1935, il aurait été l'objet de variations américaines, ce qui laisserait croire, si nous retenons l'idée d'une origine commune, que notre pâté aurait été plus ancien. Se pourrait-il que, déjà, le pâté chinois ait existé au tout début du 20e siècle et qu'il ait été consommé avant même la Première Guerre mondiale ?

Régal des Québécois émigrés aux États-Unis, le pâté chinois n'est pas pour autant d'origine américaine, car nous n'avons ni la preuve de sa consommation par les Américains de souche ni celle d'une consommation qui, par exemple, aurait été antérieure à l'arrivée des Franco-Américains. Si le plat semble typiquement québécois, le doute reste entier sur sa véritable origine géographique. Est-ce que le pâté chinois aurait été un plat québécois « exporté » dans les bagages culinaires de nos ancêtres en route vers les États-Unis ou est-ce une création typiquement québécoise inventée au sud de la frontière, qui aurait par la suite eu le succès que l'on sait sur les tables de la Belle Province ?

La piste de l'âge des ingrédients et de leurs usages

L'une des stratégies pour tenter de connaître le lieu de naissance du pâté vénéré — qui par ailleurs sera utile pour tenter de comprendre son âge possible — est de se pencher soigneusement sur ses ingrédients et tenter de savoir à quel moment ceux-ci ont fait leur apparition et dans quels lieux. Pour ce faire, nous devons connaître les usages passés de la viande de bœuf et du hachis, ceux du maïs en grain et, finalement, ceux de la pomme de terre en purée. C'est un peu un travail d'historien culinaire ou d'archéologue qui cherche à reconstituer un beau vase à partir de quelques morceaux de céramique.

Le hachis
de boeuf

Certains prétendent que le pâté chinois était initialement un plat de restes, que nos ancêtres appelaient avec élégance « plats de desserte ». Avant la commercialisation de la viande hachée, les restes de rôti et, plus généralement, ceux de bœuf bouilli, pouvaient être recyclés dans un mets nouveau pour que rien ne se perde. Cet art, connu depuis le début des temps, était considéré au 19e siècle et au début du 20e comme la preuve que la maîtresse de maison était une excellente ménagère, soucieuse d'éviter le gaspillage et de nourrir sa famille économiquement. Par exemple, quand on regarde de vieux livres de cuisine québécois, on y trouve de manière quasi systématique l'apologie de l'art d'accommoder les restes. Dans ces conditions, le hachoir était le symbole même des capacités de bonne gestion des ménagères !

L'usage du hachis remonte au début des temps, notamment par l'usage du mortier et du pilon. La version plus moderne du hachoir nous renvoie à la mécanisation de certains appareils ménagers dès le milieu du 19e siècle. Si le hachoir a été, tout particulièrement dans les campagnes, l'ustensile essentiel pour préparer notamment les salaisons, les citadins l'ont quant à eux utilisé pour hacher le bœuf, dont ils étaient alors les principaux consommateurs. En ce sens, le pâté chinois est davantage un plat urbain que rural et les chances sont plus grandes qu'il ait fait son apparition en ville. À Montréal ? Cette possibilité que le berceau du pâté chinois ait été Montréal trouve d'ailleurs de solides appuis dans l'accessibilité croissante de la viande sur le plan économique, mais aussi, physique.

Depuis l'arrivée des premiers colons en Nouvelle-France, la consommation régulière de bœuf était un phénomène urbain et le signe d'un certain confort matériel. En ce sens, le bœuf était perçu comme une nourriture bourgeoise. Les bêtes étant tuées toute l'année, il était possible d'avoir de la viande fraîche à tout moment. Dans les années 1825-1830, à Montréal, la consommation de viande

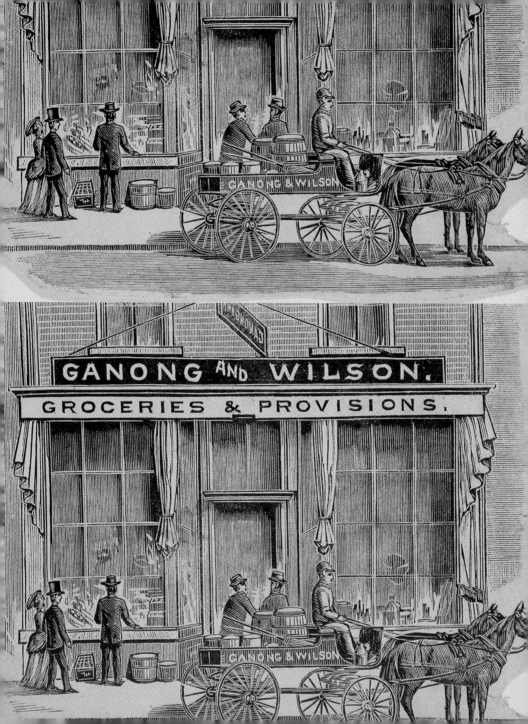

rouge était le privilège envié des classes aisées[11]. Toutefois, le développement des systèmes de réfrigération et la disponibilité de viande préemballée ont permis, dans les années 1860-1870, de baisser le prix de cette denrée recherchée et d'accroître plus encore sa disponibilité. Partout en Europe, mais aussi aux États-Unis, le rêve de la classe ouvrière de consommer de la viande rouge devenait accessible[12].

Tant avait été dit par les scientifiques de cette époque sur les bienfaits pour la santé de consommer plus de protéines. La viande rouge était alors un quasi-synonyme de force de travail, de santé et de productivité. Les recommandations des autorités, soucieuses de la santé publique, et le désir des ouvriers coïncidaient. Ainsi a-t-on vu, aux États-Unis, à partir des années 1870, augmenter rapidement la consommation de bœuf, mais aussi, s'accroître sa pénétration jusque dans les foyers les plus modestes. Le bœuf devenait aussi la viande de référence, la viande désirable, supplantant le porc dans le goût d'une partie croissante de la population et, tout particulièrement, chez les familles de souche urbaine[13].

L'accessibilité était bien entendu encore plus grande pour la viande hachée, constituée de morceaux de moindre tendreté. Cette accessibilité accrue du bœuf haché en particulier permettait ainsi à un nombre toujours plus grand de familles ouvrières de manger de la viande, même si ce n'était pas sous la forme d'un magnifique rôti. Le pâté chinois est ainsi un compromis remarquablement économique entre le désir d'un certain luxe et la réalité de devoir nourrir, le plus souvent des familles nombreuses, à un coût abordable.

L'accessibilité physique de la viande hachée, quant à elle, a connu un bond après 1916, année où les premiers supermarchés ont fait leur apparition aux États-Unis. La formule libre-service s'est rapidement étendue, stimulant la consommation à tous les niveaux et assurant une disponibilité de viande fraîche en tout temps. Et le mouvement de modernisation s'est étendu presque instantanément au Québec, avec la création, dès le début des années 1920, de la chaîne Dominion suivie, en 1927, des épiceries Steinberg. Sous cet angle, le peu de décalage entre l'Est américain et la Belle Province ne nous est d'aucune utilité dans notre quête visant à déterminer le lieu de naissance de notre pâté.

Le maïs

En nous penchant maintenant sur le maïs, nous devons immédiatement reconnaître son caractère typiquement américain, car cet aliment, en grains frais, n'est consommé par des humains en Europe que depuis les années 1980 ! Si le maïs est, comme nous le savons, un cadeau des peuples amérindiens et, dans nos régions nordiques, des Iroquois, il n'en reste pas moins qu'il était souvent consommé sec ou en poudre sous forme de *sagamité*, c'est-à-dire en bouillie, un peu comme la polenta italienne aujourd'hui. Dans notre recette, comme le maïs est préparé frais, sa disponibilité est sans nul doute un facteur de succès du pâté chinois. Or, le facteur clé à cet égard est la boîte de conserve. Inventée par un Français, Nicolas Appert, la conserve de légumes, de fruits et de viande n'a véritablement connu son essor qu'avec une invention britannique : la boîte de conserve en fer. Très rapidement, les Américains ont suivi, flairant tout le potentiel d'exportation alimentaire que cela représentait. Dès les années 1880, on trouve dans l'Est américain des conserveries fort actives conditionnant les pois, les haricots, les tomates, les épinards, mais aussi, le maïs. Une entreprise comme Olney and Floyd Factory, dans l'État de New York [15], envoyait ainsi dès conserves dans de nombreux États, dont le New Hampshire. Les Québécois exilés aux États-Unis auraient-ils pu inventer le pâté chinois parce qu'ils auraient eu accès bien plus tôt qu'au Québec à des boîtes de conserve de maïs, dont le très grand avantage était de pouvoir préparer notre pâté chinois toute l'année ?

Pour que cette piste soit vraie, il devient capital de savoir à partir de quand les boîtes de maïs ont été commercialisées au Québec. Selon certaines études [15], la création d'une industrie de la conserve au Canada n'est pas plus tardive qu'aux États-Unis. Une des premières entreprises de conserverie de fruits et légumes naquit en 1882 dans le sud de l'Ontario, et d'autres implantations semblent avoir été même plus précoces, notamment dans l'Est canadien. Comme Montréal émergeait alors comme véritable métropole et était au cœur du réseau ferroviaire canadien, assurant le commerce avec toutes les régions, tout porte à croire que l'usage des conserves devint très tôt une pratique familière. En ce sens, la disponibilité de boîtes de conserve de maïs ne semble pas avoir bénéficié d'une véritable avance aux États-Unis.

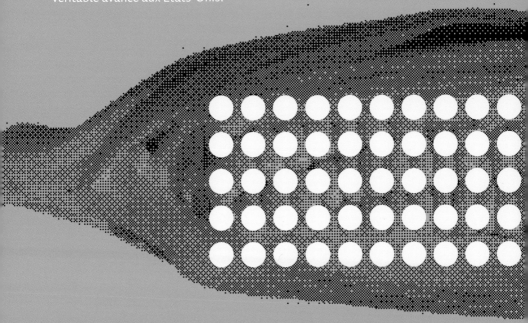

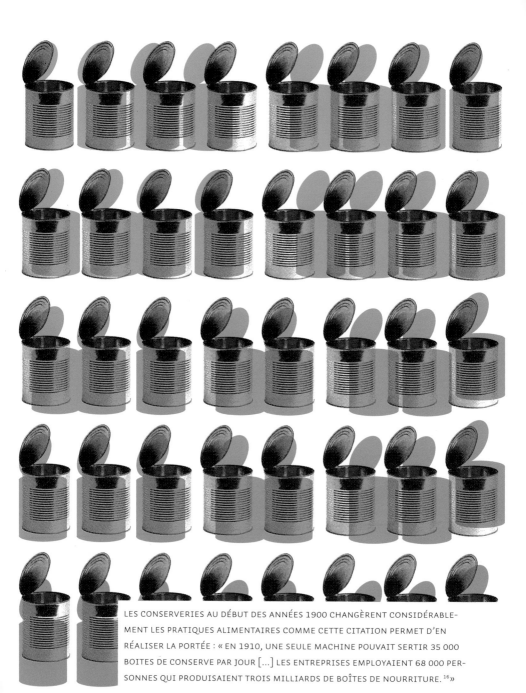

LES CONSERVERIES AU DÉBUT DES ANNÉES 1900 CHANGÈRENT CONSIDÉRABLE-
MENT LES PRATIQUES ALIMENTAIRES COMME CETTE CITATION PERMET D'EN
RÉALISER LA PORTÉE : « EN 1910, UNE SEULE MACHINE POUVAIT SERTIR 35 000
BOÎTES DE CONSERVE PAR JOUR [...] LES ENTREPRISES EMPLOYAIENT 68 000 PER-
SONNES QUI PRODUISAIENT TROIS MILLIARDS DE BOÎTES DE NOURRITURE. [16]»

Les pommes de terre

Enfin, nous sommes rendus au dernier étage du pâté : celui de la pomme de terre pilée. Comme l'introduction de celle-ci au Québec remonte autour des années 1760, son usage est ancien. Contrairement aux aliments composant les couches inférieures du pâté, la pomme de terre n'a pas été affectée par l'industrialisation. Elle a toujours été vendue sous forme de tubercule et sa transformation est restée une affaire de famille. Le Québec, dans les années 1850, en produisait et en consommait largement. Les recettes de cuisine des années 1850 montrent qu'elle était préparée sous de multiples formes. Son intérêt ici, du point de vue culinaire, n'est pas d'être servie comme légume d'accompagnement, mais d'être une des trois composantes indissociables d'un plat, les diététistes l'auront noté, complet du point de vue nutritionnel. Un tel rôle n'est pas étonnant, car on retrouve, dès le milieu du 19e siècle, des recettes où la pomme de terre, souvent associée à la viande, est partie prenante d'un plat principal.

En somme, en examinant un à un chacun des ingrédients composant la recette du classique pâté, on note que les deux facteurs clés ont été la disponibilité des boîtes de blé d'Inde et celle de la viande hachée de bœuf fraîche. Ces deux conditions suggèrent que le pâté chinois est d'abord un plat urbain, sans doute issu de familles ouvrières. Dans la mesure où les boîtes de conserve étaient disponibles dès les années 1890 et où il était possible d'ores et déjà d'avoir de la viande hachée fraîche, il est plus que probable que le plat soit né au tournant du 20e siècle, quelque part entre 1890 et 1910. Si on retient cette hypothèse, qui est sans contredit la plus solide, le pâté chinois serait ainsi un symbole du confort naissant d'une classe ouvrière en croissance.

Bien évidemment, le succès du pâté chinois ne s'est pas construit du jour au lendemain, comme les diverses versions le laissent croire. On a plutôt l'impression qu'après une certaine incubation dans quelques foyers toujours inconnus, possiblement dans des milieux ruraux, particulièrement en automne au moment des récoltes, le pâté chinois aurait connu une discrète expansion dans les milieux ouvriers urbains et, au premier chef, à Montréal. L'industrie agroalimentaire représentait au Québec, en 1900, 22,2 % de la valeur brute de la production industrielle, par ailleurs essentiellement concentrée à Montréal [17]. L'importance de cette industrie associée à l'accroissement de la classe ouvrière, qui passe, dans la région du grand Montréal, de 346 000 en 1901 à presque 1 million trente ans plus tard [18], justifie que le pâté chinois ait été beaucoup plus probablement une création authentiquement québécoise qu'une importation de nos frères et sœurs franco-américains. Plat apprécié au tournant du siècle, il se serait généralisé pour devenir le plat de référence que l'on connaît autour des années 1930.

Idéalement, si nous pouvions retrouver des recettes dans nos livres de cuisine québécois de cette période, ou à tout le moins d'avant 1935 (la date connue d'une première version américaine), nous aurions un argument décisif pour proclamer que le pâté chinois est à n'en plus douter un trait du génie populaire québécois et, fort probablement, montréalais.

À nous, donc, les livres de cuisine !

La piste des livres de recettes

Même si les livres de cuisine ont été fort peu consultés par les historiens, ils constituent la mémoire de notre passé, où peuvent se retrouver bien des éléments de nos coutumes collectives, de nos habitudes alimentaires et de ce patrimoine que plusieurs redécouvrent aujourd'hui avec étonnement. Ces livres sont innombrables et, au Québec, se divisent en trois grandes catégories.

La première est celle des livres de cuisine des ordres religieux, produits afin que les Canadiennes françaises soient en mesure de bien nourrir leur famille tant du point de vue nutritif qu'économique.

La seconde catégorie est celle des livres de recettes innombrables publiés par les entreprises agroalimentaires. Ces dernières ont bien entendu conçu leurs livres de cuisine pour faire, au premier chef, la promotion de leurs produits et, donc, augmenter leur marché de consommatrices.

Enfin, dans le cadre de notre enquête, nous ne laisserons pas de côté les livres de la troisième catégorie qui, souvent écrits autour des années 1970, sont les collections de recettes de nos grands-mères. Si certains de ces ouvrages sont de véritables témoignages historiques, d'autres sont des fausses reconstitutions, des mélanges de souvenirs fiables et d'autres rêvés, de pratiques culinaires plus ou moins réelles. Peu importe, nous y plongerons le nez aussi, car rien ne saurait arrêter notre soif de retrouver, dans les dédales de ces livres, les traces anciennes de notre illustre plat national.

Le plus vieux livre de recettes québécois et les livres des ordres religieux

Le premier livre de cuisine proprement québécois, c'est-à-dire écrit et publié en français au Québec, est *La cuisinière canadienne* publié en 1840. Cet ouvrage marque le début d'une édition culinaire locale et l'affirmation d'une identité culinaire proprement québécoise. Il comportait des recettes en usage avant sa publication, ce qui, remarquons-le, nous situe un peu avant l'apparition possible de notre plat. Il n'est pas étonnant, dans ces conditions, que nous n'y trouvions pas la moindre trace de notre pâté.

Le flambeau de l'édition de livres de recettes a par la suite été repris par les ordres religieux, qui n'allaient plus le lâcher pendant presque cent ans. En ce sens, nous avons là un immense réservoir de recettes dont, pour certaines, il est possible de repérer le moment d'apparition. En 1922, dans *La cuisine à l'école primaire*, publié par la congrégation de Notre-Dame, on trouve à la recette numéro 60 le titre étrange suivant : Pomme de terre en riz ! La recette est des plus simples :

Faire cuire 8 à 10 pommes de terre à l'eau bouillante salée. Lorsqu'elles sont cuites, les passer dans le passe-purée au-dessus d'un plat creux. Servir chaud !

Cette recette est à y perdre son latin ! Pourquoi les patates sont-elles dites « en riz » ? Il faut croire que, plus nous allons de l'avant, plus les mystères — comme les petits pains ! — se multiplient. En fait, cette expression est un anglicisme. Il provient d'une recette, tirée du fameux livre déjà cité de Fannie Farmer, dite de *riced potatoes*, ce qui se traduirait en langage moderne par « pommes de terre pressées en purée »... On pourrait imaginer que des patates pressées en riz aient pu être à l'origine du nom de notre pâté chinois. En effet, leur usage pourrait expliquer la spécificité d'une recette pour laquelle il fallait utiliser... un chinois, c'est-à-dire une passoire rigide dans laquelle les pommes de terre étaient pressées.

Cette possibilité n'est pas à exclure, mais semble bien improbable, puisque cette méthode était nettement moins pratique que celle des patates pilées. Certes, la purée est ainsi plus fine et le plat, plus velouté, mais cette technique est relativement raffinée et aucune recette ancienne ou moderne de pâté chinois n'en fait mention. Par ailleurs, il faudrait montrer comment nous sommes passés de l'expression « en riz », qui indique un résultat, à « chinois », qui fait plutôt référence à la méthode. La démonstration est loin d'être évidente. Nous avons donc tout intérêt à ne pas nous égarer trop vite sur des jeux de mots improbables et à continuer à chercher notre recette dans son intégralité.

Qui ne connaît pas *La cuisine raisonnée*, ce livre de cuisine édité depuis 1919 par les sœurs de la congrégation de Notre-Dame ? Entre le premier volume et le dernier publié en 2008, au moins vingt éditions du même ouvrage ont jalonné l'histoire culinaire du Québec du 20e siècle. Cet instrument précieux devrait donc nous dire ce qu'il en était à l'origine. Or, cruelle déception, le pâté chinois révèle son existence seulement après 1960, plus précisément en… 1967. Il y a de quoi être étonné. Si la présence de cette recette à partir de cette date somme toute récente est un indice sûr de sa popularité, cela signifie-t-il que son existence antérieure aurait été anonyme, presque clandestine ? Et si c'est le cas, pourquoi ? Les historiens spécialisés dans les livres de cuisine prétendent que les recettes y apparaissent lorsqu'elles sont considérées comme légitimes et respectables. On pourrait dire « culturellement correctes »… Auparavant, puisque la congrégation avait la haute mission d'éduquer les jeunes filles, souvent de bonnes familles, à cuisiner le meilleur pour les leurs — ce qui n'était pas dénué aussi du souci de faire économique —, il faut croire que le pâté chinois n'était pas digne d'être cuisiné. Cette exclusion du répertoire dans lequel figure pourtant d'autres plats tout aussi modestes, s'expliquerait-elle par ses origines prolétaires et une perception qu'il venait des bas quartiers ? Sinon, pourquoi aurait-il été rejeté de la formation des mères exemplaires que les jeunes filles étaient appelées à devenir après avoir terminé leur école ménagère ? Il est possible qu'à la veille de la Révolution tranquille, les sœurs aient compris, plus ou moins confusément, que l'exclusion du plat n'avait plus sa raison d'être et qu'une révision radicale des recettes s'imposait. Le grand mouvement de démocratisation aurait ainsi touché le répertoire des recettes acceptables.

Une autre recette, celle-là publiée par les sœurs des Saints-Noms de Jésus et de Marie à Outremont, en 1941, nous a saisi d'émotion pure… Enfin, une « vieille recette » de pâté chinois ! La recette, soulignée par le commentaire « desserte de viande », qui indique l'utilité de cette recette pour réutiliser les restes de viandes, se lit comme suit :

Hacher la viande, ajouter des assaisonnements, les biscuits et l'œuf légèrement battu, du bouillon pour humecter. Déposer dans un plat à gratin LA MOITIÉ DU RIZ, Y METTRE LA VIANDE, PUIS RECOUVRIR DE RIZ. Couvrir avec un papier graissé et mettre au four 40 minutes. Servir chaud avec une sauce aux tomates.

Enfin, une phrase supplémentaire jette une illumination aveuglante :

Du blé d'Inde ajouté au riz rend le plat plus savoureux !

À crier de joie et de désespoir à la fois ! Le pâté chinois serait-il chinois précisément parce que, au départ, il aurait été fait de riz ? Est-ce bien possible, alors que rien ne le laissait prévoir ? Est-ce la recette authentique du premier pâté chinois, du modèle de base ? Ou serait-ce une réinterprétation faite par les bonnes sœurs qui, pour nous éviter le poids du mystère, auraient justifié le nom de pâté chinois en mettant du riz une fois pour toutes ?

Étrangement, au début du siècle, les sœurs missionnaires de l'Immaculée-Conception avaient ouvert, à Outremont, une école destinée aux Chinois [19]. Il était effectivement dans leur plan d'aller évangéliser ces impies de l'Orient. Y aurait-il eu des influences entre ces deux ordres de sœurs outremontaises ?

Deux possibilités existent : ou bien nous avons découvert, après tant de maux de tête, la VRAIE recette du pâté chinois ou bien l'ordre des Saints-Noms de Jésus et de Marie n'aurait pas hésité, pour assurer le véritable caractère chinois du plat, à remplacer les pommes de terre par du riz. Tout le monde sait, en effet, que les Chinois mangent du riz ! Serions-nous en présence d'une révision historique trompeuse, de révisionnisme culinaire, d'une catégorie nouvelle de manipulation politique ? Mais comment prouver qu'il y a eu une forme de falsification pour donner de la cohérence au nom du fameux pâté ou bien que nous sommes en présence d'une version ancienne que les sœurs, par un divin miracle, auraient retrouvée ?

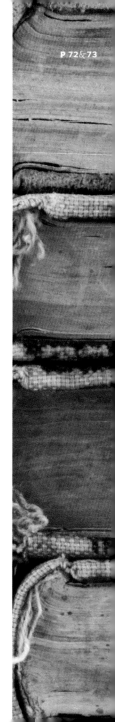

Évidemment, devant une trouvaille aussi importante pour tous les Québécois, une minute de silence se justifie. Nous sommes aussi troublé que Champollion quand il a déchiffré les hiéroglyphes ou encore comme des pèlerins découvrant enfin à Jérusalem d'où viennent les saintes espèces !

Dès lors, une force extraordinaire nous a poussé à feuilleter tous les catéchismes alimentaires publiés après *La cuisine raisonnée*... Et, de ce travail titanesque, rien, mais absolument rien, n'est sorti. Que ce soit en retournant aux toutes premières publications, comme celle des *Directions diverses données pour aider ses sœurs à former de bonnes cuisinières* dans les années 1850 de la révérende mère Caron ou encore *Les secrets de la bonne cuisine* édité par l'École ménagère de Montréal par sœur Sainte-Marie-Édith en 1928... Rien, rien de rien, comme disait la chanson, je ne retrouve rien... avant 1941 !

Le lecteur voudra noter au passage que ce n'est pas seulement le nom « pâté chinois » qui n'apparaît pas, mais aussi tout plat composé selon notre recette classique. Car, si l'on trouve de manière régulière, sous divers noms, de la viande hachée, par exemple, avec des pommes de terre ou encore du blé d'Inde dans diverses recettes, aucune ne rassemble notre grande trinité alimentaire.

Pouvons-nous espérer ramasser dans nos nasses plus d'espoir en regardant les livres de recettes de nos grands-mères ?

Les recettes
de grand-mère

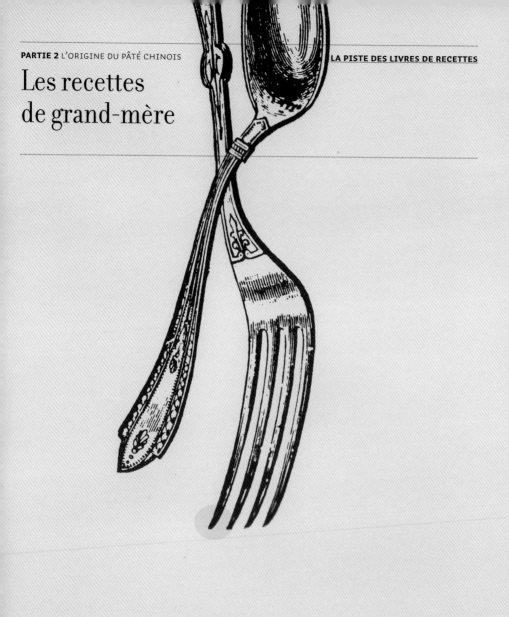

Depuis les années 1970, nous sommes abondamment nourris de recettes publiées par divers auteurs qui, ethnologues amateurs ou mères de famille reconverties en historiennes des petits plats, se sont lancées dans la collection de recettes du passé. Or, étrangement, ces livres fort nombreux se divisent entre ceux qui parlent du pâté chinois et ceux qui l'ignorent complètement. Ainsi, on va retrouver le pâté chinois dans *La cuisine traditionnelle de Charlevoix* de madame Mongrain-Dontigny ou dans *Le guide de la cuisine traditionnelle du Québec* de Lorraine Boisvenue, mais rien dans *Recettes typiques de la Gaspésie et des Îles-de-la-Madeleine* et *Recettes typiques de la Côte-du-Sud* de madame Charles Gagné ou dans *Les petits plats de nos grands-mères* de Stéphanie Moisan et Andrée Lebel.

Puisque, dans certains cas, les recettes viennent de toute la province et que, dans d'autres cas, elles proviennent d'une région particulière, il est à peu près impossible de savoir si le pâté chinois provient d'une région en particulier. Ainsi, on aurait pu imaginer que le big bang se serait passé à Charlevoix et que l'onde d'appétit par étapes, mariages, adoptions, trafic, commerce ou marketing agressif des grands-mères locales, se serait peu à peu propagée à travers la province entière et, par la suite, en Nouvelle-Angleterre ! Malheureusement, la lecture de ces livres ne nous démontre rien de la sorte… Même si nous avons l'intime conviction que Montréal est l'épicentre de la révolution culinaire, le berceau premier de l'exceptionnel pâté, nous ne sommes pas assez chauvin pour tordre le cou à la réalité. Tout ce que ces témoignages, *a posteriori*, pourraient signifier, c'est que le plat aurait été inégalement connu à travers la province. Faible consolation.

Tous les témoignages que j'ai recueillis de grands-mères et de grands-pères encore bien vivants affirmaient que, dans les années 1930, le pâté chinois se mangeait dans de très nombreuses familles et que les mères d'alors tenaient la recette de leur propre mère. Sans que les détails soient précis pour cette génération d'arrière-grands-parents, mes interlocuteurs m'ont laissé entendre que la recette devait fort probablement exister aux alentours des années 1915-1920. L'anthropologue qui sommeille en moi, qui ne se fie qu'à moitié aux écrits plus ou moins reconstitués à partir de la mémoire des anciens, voulait contre-vérifier si les souvenirs livresques de nos grands-mères n'étaient pas reconstruits sur demande. Mais non, des sources fiables affirment, sans l'ombre d'un doute possible, que le pâté chinois, dans sa version classique, avait une existence avérée aux tables familiales avant 1930.

Détail intéressant, dans plusieurs familles, une des corvées d'automne consistait à égrener des épis de maïs. La récolte était sertie dans des boîtes de fer blanc, passées par la suite à l'autoclave pendant trois bonnes heures… La préparation de conserves de blé d'Inde était donc, à cette époque, une activité domestique dans ce qui est aujourd'hui le grand Montréal.

À défaut de nous procurer une recette pour le moment, la lecture de *La Presse* aux alentours des années 1930 nous confirme la mise en conserve du blé d'Inde par les familles. L'extrait suivant, paru le 28 juillet 1928, est éloquent :

Débarrasser les épis de leur enveloppe et les plonger dans l'eau bouillante 8 minutes. Pour certaines variétés plus résistantes que d'autres, il faudra les laisser 10 et quelquefois même 16 minutes. Faire refroidir ensuite dans un bassin d'eau froide. Au moyen d'un couteau bien aiguisé, enlever les grains de maïs en les coupant à la moitié ou aux deux tiers. Avec le dos du couteau, racler tout ce qui reste dans les alvéoles mais ne pas enlever les alvéoles elles-mêmes. Verser le produit dans des bocaux jusqu'à ¼ de pouce du bord, remplir d'eau bouillante, ajouter une cuillerée à thé de sel.

Les livres des entreprises (surtout) agroalimentaires

Les livres de cuisine des entreprises agroalimentaires sont tout simplement innombrables et impossibles à répertorier tant ils sont nombreux. Les entreprises ayant publié des livres de recettes n'étaient pas seulement celles produisant de la farine (Robin Hood, Farinex, Purity et Five Roses), mais aussi, de la gélatine (Jell-O), du chocolat (Laura Secord) et de la bière (Molson). Même des sociétés d'assurances comme la Metropolitain Life Insurance Company ont publié des livres de recettes. Ces livres, parfois vendus, souvent donnés, ont des formats si variables et des tailles si différentes qu'ils constituent une véritable jungle éditoriale où il n'est pas facile de se reconnaître entre les opuscules culinairement malfaisants et les trésors de fausses compétences…

Pour éviter de chercher une aiguille dans une botte de foin, nous nous sommes concentré sur des livres de recettes qui auraient mis en valeur la promotion du blé d'Inde. Des conserveries telles Lynn Valley, Aylmer ou encore Niblets Brand, actives dans les années antérieures à 1930, auraient en effet eu tout intérêt à utiliser la publication des livrets de cuisine comme technique de promotion et de vente. Résultat : totalement nul. Pas la moindre trace de livres de cuisine publiés par ces entreprises et, bien entendu, moins de traces encore du pâté chinois. Inutile d'insister, à moins d'avoir une chance immense et de trouver la perle rare. Sinon, il faudrait sacrifier — et peut-être en vain — six mois de sa vie dans les pages décolorées de ces éditions dangereusement soporifiques, culinairement désespérantes et parfois en état de décomposition avancée dans les archives.

Ainsi, loin de nous apporter la lumière, les livres de recettes québécois couvrant les années 1840 jusqu'à nos jours nous laissent sur notre curiosité. Ils ne nous révèlent pas plus l'âge possible que le lieu d'apparition du plat et, comble de malchance, nous n'avons trouvé aucun élément fiable avant la Révolution tranquille. Nous n'avons retrouvé aucune recette antérieure à la recette américaine de 1935 et sommes ainsi privé du plaisir immense d'avoir été le premier à désigner du doigt une origine incontestable. Certes, trouver un pâté chinois avec du riz tient quand même de la prouesse, mais plutôt que de résoudre nos problèmes, cette recette de 1941 ne fait qu'épaissir un peu plus le mystère du pâté chinois. Serait-il précisément chinois à cause du riz? Toutefois, comme cette recette est complètement isolée et laisse entrevoir l'usage possible du blé d'Inde, la confusion n'en est que plus grande. Devrions-nous renoncer?

Retour dans le journal
La Presse

Dans un dernier sursaut, avant de nous avouer vaincu, nous nous sommes plongé à la recherche du pâté chinois dans les journaux de 1930 et, plus particulièrement, dans les pages du journal *La Presse*, où certains disent avoir repéré la fameuse recette. S'il est vrai qu'un article est paru le 19 novembre 1930[20], il ne s'agit que d'une mention indiquant que le pâté chinois était un plat se consommant, depuis longtemps, le soir. Nous citons : « [...] durant trop longtemps, on eût dit [...] que l'on ne pouvait offrir au déjeuner que les *bacon and eggs* et le pâté chinois au repas du soir ».

Voilà une preuve que notre pâté chinois existait bel et bien, preuve qui recoupe tous nos témoignages. En outre, notre pâté faisait partie de la vie quotidienne et était, à ce titre, une véritable coutume alimentaire partagée par bien des Québécois. Cette référence laisse donc entendre que tout le monde savait ce qu'était le pâté chinois.

Or, la mention n'étant pas une recette, nous ignorons de quoi le fameux pâté était constitué même si tout laisse croire que la recette n'était pas différente de notre grand classique. En épluchant les articles parus entre 1927 et 1933[21], nous n'avons jamais retrouvé la recette espérée comme si celle-ci se dérobait chaque fois que nous voulions l'approcher de trop près, comme si elle voulait ajouter au mystère de son origine, le mystère de sa composition. En examinant une petite chronique appelée « Pour les gourmets », et en recherchant de manière plus large dans les articles consacrés à l'alimentation, nous n'avons trouvé aucune trace de ce qui semble être un secret redoutablement bien gardé.

On pourra dire que la recette était si connue de tous et jugée si simple, qu'il n'y avait nulle raison de l'expliquer dans les journaux. Mais d'autres recettes trouvées, qui sont presque des cousines, ne sont pas plus compliquées. Ainsi, la recette suivante de pâté du berger nous est donnée :

Faire revenir un oignon haché dans le beurre. Mettre dans un moule à pâte une couche de pommes de terre cuites écrasées, un peu d'assaisonnements, une couche de viande froide de desserte hachée puis l'oignon. Verser par-dessus un verre d'eau chaude ou mieux un bouillon, continuer les couches jusqu'à ce que le moule soit plein. Terminer par une couche de pommes de terre. Mettre par-dessus quelques morceaux de beurre et laisser au four jusqu'à parfaite cuisson [22].

Cette version francisée du *shepherd's pie* est proche du hachis Parmentier, mais ce dernier est généralement fait de seulement deux couches d'aliments. On note ici que le blé d'Inde est absent, comme c'est le cas le plus souvent.

Une autre recette, au nom évocateur de macaroni au blé d'Inde, ne nous laisse aucun doute sur l'usage des boîtes de blé d'Inde dans la préparation de certains plats :

Détail : 1 paquet de macaroni, 2 boîtes de blé d'Inde, 3 tasses de sauce blanche, eau bouillante, quelques noisettes de beurre, sel et poivre.

Mode de préparation : faire cuire le macaroni et le déposer dans un plat à gratin. Alterner un rang de macaroni et un rang de blé d'Inde. Assaisonner chaque rang de quelques noisettes de beurre. Verser par-dessus une sauce blanche claire. Faire cuire lentement dans un fourneau à chaleur modérée [23].

On ne peut pas dire que cette recette soit plus complexe que celle du pâté chinois. Elle a toutefois les honneurs de la chronique « Pour les gourmets » ! On note, bien entendu, que le blé d'Inde est ici utilisé comme on le ferait pour le pâté chinois. Et l'on peut voir, grâce aux deux recettes présentées, qu'il était commun à l'époque de faire des plats aux couches superposées.

Il est clair que le modèle du pâté chinois était fort vivace à l'époque et que tous les ingrédients étaient « dans l'air », et ce, dans diverses recettes. Mais pourquoi ne retrouve-t-on pas précisément celle du pâté chinois si connue et si insaisissable ? Serait-ce un plat de si forte tradition orale qu'il aurait résisté à la forme écrite ?

Sans recette nouvelle, la question de l'origine ressemble de plus en plus à une énigme résistant à toutes les tentatives d'élucidation. Pourquoi ne pas alors essayer de mieux comprendre d'où vient l'étrange nom de notre mystérieux plat national ?

La piste
du nom

Nous avons vu que plusieurs ont tenté d'expliquer l'origine du pâté chinois en essayant de relier ce plat soit avec la consommation alimentaire des Chinois ayant construit nos voies ferrées, soit avec le minuscule village de China. Si ces explications sont des plus fantaisistes, il serait triste d'en rester là, car en la matière, l'imagination des Québécois est des plus fertiles… À titre d'exemple, rappelons que certains ont prétendu qu'il aurait tenu son nom du fait d'être un plat étranger ayant passé par le canal Lachine ! Certes, si les premiers explorateurs français ont pu rêver un moment qu'ils avaient trouvé le passage tant recherché pour aller dans l'Ouest, très vite, ils ont déchanté. De plus, à cette époque où la consommation des pommes de terre était ignorée en Nouvelle-France, le plat ne pouvait pas être préparé… et encore moins être baptisé !

Un historien sérieux de l'alimentation, Michel Lambert, a écrit : « Cette recette de pâté chinois n'a rien de chinois… Son nom québécois provient d'une habitude langagière du 19e siècle, qui consistait à appeler chinois tout ce qui sortait de l'ordinaire, ce qui était considéré comme étranger, incompréhensible. On disait d'ailleurs d'une situation qu'on ne comprenait pas : " c'est du chinois pour moi [24] ! " » À première vue séduisante, cette suggestion ne résiste pourtant pas à l'analyse. S'il est vrai que l'usage de l'expression « c'est du chinois » était courant, on peut se demander pourquoi elle se serait appliquée à ce plat et pas à d'autres, dont la complexité pouvait être supérieure. Alors, pourquoi la réalisation de cette recette aurait-elle été plus chinoise que celle d'une autre ? En ce sens, si la pratique langagière est avérée, il aurait fallu faire la démonstration de sa fixation sur notre pâté et sur les spécificités de notre pâté. Cette explication n'en est donc pas une.

Une des explications plausibles est bien langagière, mais dans un autre sens que celui évoqué par Michel Lambert. Pourquoi le

pâté chinois ne tiendrait-il pas son nom de la couleur des grains de maïs ? Si cette idée peut paraître simple, sinon simpliste, son avantage serait de signaler, par ce qu'on appelle une métaphore, la présence du blé d'Inde. Une telle piste peut être vraisemblable, puisque chacun des grains de maïs d'un jaune éclatant peut évoquer un Chinois et que la quantité mise dans le plat au moment de la préparation peut aussi évoquer ce pays populeux.

Il ne faut pas oublier que, sous l'effet du mouvement dit de la Sainte Enfance[25] amorcé au tout début du 20e siècle, tous les élèves des écoles du Québec étaient sollicités pour donner chaque mois « des sous » pour évangéliser cette Chine athée. Durant des décennies, la présence de la Chine fut donc permanente dans les familles de toute la province, car la voix de l'Église était encore entendue. Nul doute qu'elle ait construit une communauté de sensibilité et d'image, sur plusieurs générations d'écoliers. Cette référence partagée pourrait expliquer l'adoption rapide par toutes les familles et, surtout, par celles des milieux urbains, d'un nom pour tous évocateur, qui mettait de son côté les rieurs.

Cette métaphore, notons-le, n'est pas dénuée d'humour. Chronologiquement plausible, cette possibilité devrait toutefois aussi expliquer pourquoi ce même usage métaphorique n'aurait pas été systématique. Pourquoi tous les plats avec du blé d'Inde ne seraient-ils pas qualifiés de chinois ? Comment expliquer, le cas échéant, l'exception que serait devenu notre pâté ?

Il n'est pas exclu que l'usage du terme « chinois » ait eu pour certains une connotation un peu raciste. Ce trait, ajouté à l'ironie de l'expression, pourrait expliquer que le plat n'apparaisse pas dans les livres de recettes, qui se devaient d'être, comme on dirait aujourd'hui, politiquement corrects. Or, comme les autorités ecclé-

siastiques n'auraient pas apprécié ce qu'elles pouvaient considérer comme de la dérision à l'égard de leur campagne pro-chinoise et qu'elles contrôlaient à toutes fins pratiques l'édition de livres de cuisine, il est aisé de conclure que l'exclusion du pâté chinois des livres de cuisine relevait de la censure. Plat ouvrier par excellence, le pâté chinois aurait été un défi aux bien-pensants. Cela pourrait expliquer la création d'un pâté chinois au riz qui aurait idéalement occulté la dérision populaire… mais au prix d'une véritable réinvention du plat, laquelle n'a jamais eu de succès.

La piste métaphorique nous mène aussi ailleurs. Plusieurs écrits mentionnent que les Québécois, du fait de leur émigration massive aux États-Unis entre 1850 et 1930, ont été perçus comme les Chinois de l'est, faisant allusion à cette démographie galopante et envahissante. Il est alors plaisant d'imaginer que notre glorieux plat ait été nommé « pâté chinois » par dérision, en référence aux Américains qui se sentaient envahis par cette marée humaine venue du Nord. Nommer le plat « pâté chinois » aurait été, selon cette hypothèse, une façon de marquer la spécificité d'un plat mangé typiquement par les Québécois, mais également, d'ironiser, là aussi, sur sa nature identitaire. Ce serait là une belle illustration de l'usage de l'humour pour, comme c'est souvent le cas, désamorcer ou rendre plus vivables des réalités sociales souvent pénibles.

Cependant, malgré qu'elle soit séduisante, cette dernière piste, tout bien pesé, est peu crédible. L'admettre serait donner une influence démesurée aux Franco-Américains par rapport à leurs compatriotes restés au pays. Comment la majorité des Québécois aurait-elle repris à son compte le vocabulaire d'une minorité éloignée ? Il est bien plus réaliste de penser que le nom de pâté chinois existait déjà au Québec et que ce nom, conservé par les immigrants cherchant fortune vers le sud, ait pu aussi désigner les francophones aux yeux des Américains. Les exemples abondent partout où l'on désigne, avec une nuance raciste, un autre peuple par ce qu'il mange. Les *frogs* ou les *pea soup* ne sont-ils les Canadiens français aux yeux des Anglo-Canadiens, et les Italiens des macaronis aux yeux des Français ?

Serions-nous arrivés au terme de tant d'efforts sans avoir été capables de répondre aux deux questions pourtant fort simples ayant guidé nos réflexions ? Le pâté chinois est un fantôme. Nous savons de manière certaine qu'il a existé dans toutes les chaumières du Québec dès les années 1930 et qu'il était consommé régulièrement. Sa date de naissance reste toutefois un mystère, car la première recette retrouvée ressemblant à notre classique est relativement tardive. Or, tout nous porte à penser que le tournant du 20e siècle fut, sinon le moment de son apparition, du moins celui où sa consommation s'est répandue assez largement pour qu'il devienne, dans les années 1930, un plat commun.

Recette ouvrière par excellence, fort probablement montréalaise de naissance, le pâté chinois a sans doute migré aux États-Unis avec les travailleurs québécois, mais n'y a trouvé ni son origine ni son nom, même s'il faut reconnaître que tout n'a pas encore été dit en la matière. Son nom tiendrait du pur plaisir de la métaphore, d'une ironie à l'égard de cette Chine lointaine et populeuse à laquelle parfois les Québécois ont pu se comparer, à une époque de fécondité considérable. Dénomination humoristique, voire teintée de racisme dans certains milieux, le pâté chinois a connu la clandestinité, le refus, l'occultation avant d'obtenir une pleine reconnaissance au début de la Révolution tranquille. Du coup, il a pris officiellement sa place, plus que n'importe quel autre plat dans notre culture, dans nos traditions culinaires.

PARTIE 3

Le pâté chinois
ou le nouvel ordre gastronomique québécois

Aujourd'hui, tout chef québécois qui se respecte se sent presque obligé de proposer sa version du pâté chinois ! C'est dire quel honneur est réservé à notre plat, puisque les maîtres de l'art culinaire ne dédaignent pas de démontrer que ce plat populaire ne détruit pas leur réputation ! Bien au contraire, puisqu'ils y voient l'occasion de laisser libre cours à une créativité à laquelle se reconnaissent aujourd'hui les chefs… de file de la gastronomie. Suivons-en quelques-uns, qui ont d'ailleurs laissé des traces dans les livres de cuisine contemporains ou dans les médias.

L'un des modernes les plus anciens, si l'on peut dire, est Laurent Godbout qui, dans son livre éponyme intitulé *Laurent Godbout, chef Chez L'Épicier*, nous propose un pâté chinois notamment composé de pintade et de patate douce. Les trois étages ont été scrupuleusement respectés. Le tout est cependant singulièrement plus recherché que la version classique, puisque la pintade introduit une sophistication certaine et que la patate douce donne une touche résolument exotique. Les tons chauds de jaune et d'orange dominent, lui donnant presque un côté solaire.

ENTREVUE AVEC LAURENT GODBOUT… LE ROI DU PÂTÉ CHINOIS !!!

JEAN-PIERRE LEMASSON : Vous avez combien de recettes de pâté chinois dans votre répertoire ?

LAURENT GODBOUT : J'ai fait une dizaine de versions du pâté chinois, car j'aime bien réinterpréter les plats traditionnels. Il y a un côté ludique. Bien sûr, il y a le pâté à la pintade, mais l'un de ceux qui ont eu le plus de succès est celui que j'ai fait avec des escargots confits persillés et une purée de céleri-rave. Cette recette a fait l'objet d'une présentation à l'émission *L'épicerie*. Les clients ont particulièrement apprécié ce plat, le trouvant original et savoureux. Il est resté longtemps à la carte. Le sommelier recommandait de l'accompagner d'un blanc herbacé comme un Riesling ou un Pouilly fumé. J'essaye toujours de respecter la structure en étages, car sinon, ce n'est plus l'idée du pâté chinois. De la même manière, j'essaye de conserver trois ingrédients, même si je change l'ordre de leur présentation. La structure, c'est ce qui permet aux gens de s'y reconnaître.

JEAN-PIERRE LEMASSON : Si vous aviez à imaginer le pâté chinois du troisième millénaire inspiré de la cuisine moléculaire, qu'est-ce que ce serait ?

LAURENT GODBOUT : Oh, laissez-moi une minute pour y réfléchir… Ce serait peut-être du foie gras précipité à l'azote liquide, ce qui donnerait de belles billes rondes, recouvertes d'une panacotta de maïs et paprika fumé et puis le tout recouvert peut-être de tuiles croustillantes faites d'une pommade de pommes de terre.

JEAN-PIERRE LEMASSON : Pourquoi aviez-vous mis à votre menu du pâté chinois ? Cela a-t-il bien marché ?

ALEXANDRE GOSSELIN : J'avais fait cette recette à la demande de *La Presse*. Le lendemain de sa publication, on a reçu en quelques heures plus de 20 appels et nous l'avons mis à la carte, puisqu'il n'y était pas. Je ne m'attendais pas à un tel succès. Plus de 15 clients en voulaient à chaque service, le préférant à des plats dont les produits étaient pourtant plus nobles. Il est certain que le pâté chinois est une sorte de *comfort food* qui a l'avantage de ne pas nécessiter un montage dans l'assiette. On le servait dans des gros bols transparents. Tout le monde était content, mais après trois mois de succès, nous avons voulu faire autre chose.

Jean-François Méthot, de l'Auberge Les Trois Tilleuls, dont la réputation n'est plus à faire, n'en avait que pour la viande d'agneau de la bergerie Richelieu au moment où sa recette fut publiée. Constituant le fond d'un petit plat, l'agneau se voyait recouvert d'une mousseline de céleri-rave et de pomme de terre. Bien d'autres produits nobles entraient par ailleurs dans cette préparation qui, au final, se retrouvait dans l'assiette au fond couvert d'une crème de maïs onctueuse. Que demander de plus ?

Alexandre Gosselin, alors à l'emploi du restaurant Ô Chalet, trouvait lui aussi plus noble de laisser le bœuf de côté. La base de son plat était de la cuisse de canard effilochée. La deuxième couche était constituée d'une crème de maïs relativement épaisse (agrémentée notamment de crème à 35 % !) recouverte, ne soyez pas surpris, d'une mousseline de céleri-rave. En somme, la structure est respectée, mais les ingrédients ont considérablement changé. Ils sont nettement plus raffinés, plus travaillés… et, pour tout dire, moins caloriques que la version classique. Bref, la modernité est à l'œuvre.

Martin Picard, dont le génie publicitaire n'a d'égal que celui de la provocation, ne pouvait passer à côté d'un plat qui présente tous les traits d'une québécitude à réinventer. Même si le chef reprend dans son livre remarquable les rumeurs sur l'origine du pâté, il ne nous en propose pas moins une version inédite. Si, finalement, nos trois couches sont respectées, la première, au lieu d'être constituée de bœuf, est composée d'un mélange de porc et de cerf. Voilà un parfum de chasse de nature à réveiller l'âme des trappeurs. Même si les assaisonnements lui sont propres, la seconde couche est faite de blé d'Inde et celle régnant au sommet, de purée de pommes de terre qui, précise le chef, se doit d'être la purée PDC, soit celle du Pied de cochon. Étonnamment, le chef n'a pas utilisé de foie gras. Voilà qui donne au pâté un statut d'exception dans ce prestigieux restaurant, réputé pour être celui qui utilise le plus de foie gras en Amérique du Nord.

De nombreux autres chefs n'ayant pas eu la même visibilité médiatique que les précédents ou n'ayant pas écrit leurs propres livres de cuisine, ne sont pas néanmoins dépourvus d'une belle imagination. À cet égard, de belles découvertes se font lors des levées de fonds. Dans la seule année 2008, le nombre de cuisiniers qui se sont prêtés au jeu de la réinterprétation du pâté chinois dépasse les 70! Pas un seul plat de la province ne connaît un tel phénomène. Combien de chefs ont tenté de réinventer la tourtière, le ragoût de pattes ou les fèves au lard?

Puisqu'en matière de goût, la subjectivité est non seulement permise, mais représente une qualité, je dois confesser que le chef Yannick Tardy du restaurant Mista, à Beloeil, fait un pâté chinois de grande classe. Sur une base d'agneau effiloché, une purée de panais à l'huile de truffe voisine du maïs et du blanc de poireau façon gremolata... Bref, un pâté superbe de parfum et de texture, tout comme celui de la chef Madeleine Paquette du Plaisir du grill qui, lors de la soirée organisée par la Fondation de l'Orchestre symphonique de Longueuil, a servi un remarquable pâté de cerf braisé au poivre long, compote d'oignons au porto et purée de pommes de terre aux herbes.

Nul doute que nous pourrions encore découvrir dans des livres de cuisine ou dans de nombreux restaurants québécois d'autres surprenantes — et succulentes — interprétations. Les efforts faits pour mettre au goût du jour une recette de tradition familiale sont véritablement une tentative méritoire de réinventer ce qui est l'un des trésors de notre patrimoine culinaire. Rien de moins ! Tous ces pâtés chinois nouveau genre sont en quelque sorte ennoblis par la touche des chefs, car si le bœuf est une viande populaire, il est certain que l'utilisation de viande de pintade, de cerf ou d'agneau rehausse singulièrement la qualité... au moins par le prix ! La pomme de terre, sans disparaître, doit désormais composer avec le goût anisé du céleri-rave ou des épices multiples relevant le plat plus fortement. Enfin, le maïs connaît des transfigurations jusqu'à parfois n'être plus qu'une crème. Le pâté chinois est une véritable partition culinaire dont les interprètes nous donnent aujourd'hui autant de variations qu'il y a de personnalités. Bref, le pâté chinois est au cuisinier ce que la fugue est à Bach !

Variantes
hérétiques

Tous les créateurs ne sont pas toujours bien inspirés. Pour le meilleur et pour le pire, le pâté chinois peut favoriser une imagination qui peut aboutir à l'effet contraire de celui recherché. On parlera certes d'innovation, mais tout l'art de la réinterprétation est de savoir ne pas dépasser les limites pour que le plat conserve son identité.

Une des versions les plus audacieuses aurait pu être celle de Christophe Alary, chef de l'École hôtelière de la Capitale. Au fond d'une verrine, de la viande de caille grossièrement découpée est recouverte d'une couche de pommes en cubes au curcuma. Une couche de purée de patates douces est superposée tandis qu'au sommet viennent régner œuf de caille et chips de patates douces. Nous serions dans l'innovation la plus pure — notamment par l'arrivée de la caille — si ce plat ne comportait pas une sourde attaque à notre plat. Le blé d'Inde sacro-saint a disparu au profit d'une couche de pommes au curcuma, dont la couleur rappelle l'éclat du blé d'Inde qui ne saurait en aucun cas être totalement remplacé. On touche là à l'âme du plat, et ne pas conserver le blé d'Inde sous une forme ou une autre équivaut ni plus ni moins à une tentative larvée d'assassinat !

L'émission *Des kiwis et des hommes* a suggéré sur son site Internet « un pâté chinois de poisson blanc poché au beurre, maïs au ras-el-hanout, purée de patates douces et ketchup jaune ». La lecture de la recette annonce un festival de couleurs, si ce n'est de goûts. Du coup, notre plat aux racines si profondes se pare d'atours résolument exotiques. La présence de ras-el-hanout suggère que le métissage est en cours. Le pâté chinois s'ouvre à un monde nouveau qui déborde des frontières québécoises. Le monde serait-il le nouvel espace de rayonnement du pâté chinois, si flexible que, selon les pays où il serait implanté, il prendrait les parfums du terroir local ?

Toutefois, le remplacement du bœuf par du poisson dénature notre identité. Le bœuf est quasi consubstantiel à notre américanité, tout comme le blé d'Inde. On a beau vouloir s'adapter aux temps nouveaux et même vouloir partir à la conquête du monde, faut-il pour autant que le goût, les textures de base, le jeu des couleurs soit modifié?

Dans une autre émission de télévision, cette fois à *L'épicerie*, un nouveau type de pâté chinois est proposé… à tous les végétariens. L'attaque est frontale et, cette fois, ce sont les colonnes du temple qui sont visées. Et par quoi remplace-t-on notre cher hachis de bovin? Par des protéines VÉGÉTALES, des lentilles! Certes, le Canada est un grand producteur de lentilles, qui sont exportées jusqu'en Inde, mais il ne faudrait pas pour autant mettre en péril ce pâté à qui nous devons, génération après génération, notre bonne humeur! Il faut le dire et le répéter, le pâté chinois fait désormais partie, grâce à nous, des grandes traditions culinaires de l'humanité. Il n'est pas question que chacun joue avec lui comme s'il pouvait le rebaptiser à sa sauce chaque matin. En lisant la liste des ingrédients, l'étonnement est encore plus grand, puisque s'y trouvent du tamari oriental, du tabasco mexicain et bien d'autres ingrédients qui lui donnent non pas une touche multiculturelle intéressante, mais bien le plus pur style de la confusion. Le *melting pot* nord-américain, ce n'est pas n'importe quoi et surtout pas un mélange où ne se retrouvent pratiquement plus de produits de chez nous. Cette recette est un vrai détournement culturel, une tentative d'enlèvement symbolique, une prise d'otage avec vol d'identité qualifié!

Les faussaires
du pâté chinois

Éloquente photo que celle montrant les emballages de ces pâtés chinois congelés dont regorgent les supermarchés. Loin de nous l'idée de faire leur procès quant au goût, à la qualité ou encore à la quantité des ingrédients les moins chers. Nous n'avons pas constitué de jury pour faire des comparaisons où leurs rapports qualité-prix auraient été débattus. Mesdames et messieurs, vous qui avez la lourde responsabilité de réaliser des émissions alimentaires, vous avez là un sujet de choix pour préparer un formidable reportage. Quant à nous, nous nous concentrerons sur ce détournement culturel, qui est manifeste sur ces boîtes qui prétendent insolemment que le pâté chinois est du *shepherd's pie*.

Tout ce que nous avons montré ici prouve sans l'ombre d'un doute que le pâté chinois n'est pas du *shepherd's pie*. Cette manière de présenter les choses laisse croire que son origine est vaguement britannique, ce qui est totalement faux. Elle accrédite l'idée que ce n'est pas un plat authentiquement québécois ni une de nos créations culinaires les plus originales. S'il fallait traduire « pâté chinois », ce serait par « *Chinese pie* » et tous les anglophones, un peu comme nous, y perdraient leur latin. Mais les commerçants n'hésitent pas à donner pour vrai des faussetés. Ce faisant, leurs traductions culturellement erronées brouillent notre identité culinaire.

On aura compris que la formidable notoriété du pâté chinois l'expose à des risques multiples. Entre les variations hérétiques qui n'ont plus de chinois qu'un nom d'emprunt sans que le plat soit minimalement reconnaissable et les origines inventées d'un plat qui occulte notre créativité, nous naviguons entre divers périls. D'un passé inventé à l'imagination débridée de cuisiniers sans respect pour l'esprit de notre pâté, sa véritable nature est constamment menacée. Si le pâté chinois n'avait pas la vigueur qu'on lui connaît, ce serait un plat à mettre sur la liste des espèces menacées. Il est donc plus urgent que jamais de valoriser notre plat national. À notre époque où les gourmands se cherchent quelques nouvelles sensations, allons donc explorer les accords du pâté et de la bouteille.

Les mariages du pâté
et de la bouteille

L'ASSAISONNEMENT INTERDIT

LE PASSAGE QUI SUIT N'ENTEND PAS EXPLORER LE RAPPORT TRÈS PARTICULIER DU PÂTÉ CHINOIS ET DE LA BOUTEILLE DE... KETCHUP. CETTE DERNIÈRE A SANS DOUTE ÉTÉ LA PREMIÈRE BOUTEILLE ACCOMPAGNANT LES DÉLICATES SENSATIONS DE NOTRE PÂTÉ. IL FAUT BIEN AVOUER QUE CERTAINS ONT CRU QUE PRENDRE UN COUP DE ROUGE CONSISTAIT À RECOUVRIR LE PÂTÉ D'UNE QUATRIÈME COULEUR ! ET VLAN QUE JE TE BARBOUILLE LE « MOTTON », DANS L'ASSIETTE, D'UNE ÉPAISSE COUCHE DU LIQUIDE ADHÉSIF. PARAÎT QUE C'ÉTAIT MEILLEUR... MAIS MAINTENANT QUE LE SUCRÉ N'EST PLUS EN ODEUR DE SAINTETÉ, LE GROS ROUGE QUI TÂCHE A RELÂCHÉ SON EMPRISE. LE PÂTÉ RETROUVE SON PARFUM DOUX DE POMMES DE TERRE ET DE VIANDE MÉLANGÉES. SI LE KETCHUP (TERRIBLE INVENTION DES ANGLAIS QUI NE SAVAIENT PAS FAIRE LES SAUCES...) EST ENCORE UTILISÉ CHEZ GRAND-MAMAN, ON SENT BIEN QUE C'EST COMME LÉGER ACCOMPAGNEMENT ET NON PLUS POUR CACHER LES DÉFAUTS D'UN PLAT ENFIN RECONNU, DU MOINS AU QUÉBEC, COMME LE MEILLEUR AU MONDE !

Tout repas digne de ce nom n'est véritablement bon que s'il est accompagné d'un vin qui en rehausse le goût. Tout l'art du sommelier est là. Or, puisque notre pâté est désormais un plat qui se doit d'être apprécié à sa juste valeur, il est indispensable de le manger avec un jus de treille qui nous permette de goûter la richesse de toutes ses saveurs.

Il serait idéal, dans l'esprit même du pâté, d'accompagner le bœuf avec un vin rouge, le maïs avec un vin jaune et les patates avec un vin blanc, pour respecter les couleurs de chaque couche du plat ! Mais comme les ingrédients se mélangent une fois en bouche, en proportions différentes, il serait acrobatique, sinon techniquement impossible, de boire en même temps aux trois verres à dosages variés. Force est donc de revenir à la modestie d'une approche plus conventionnelle.

Une autre piste, celle-là relevant du plus grand sérieux scientifique, est bien entendu celle de la sommellerie moléculaire, qui vise à trouver dans les vins les molécules qui s'harmoniseraient avec celles du divin pâté. Malgré notre remarquable expertise en la matière, nous devons reconnaître nos limites quant à la connaissance des molécules de base du bœuf, des pommes de terre et du blé d'Inde. Rien dans la littérature pointue de ceux qui sont à l'avant-garde des accords mets-vins ne nous aide à identifier la complexité moléculaire de chacun des ingrédients et, pire encore, des réactions chimiques qu'ils pourraient avoir entre eux. Les leçons que nous donnent les médias de la grande alchimie du goût sont impuissantes à nous aider. Le choix rationnel d'un vin pour accompagner le pâté chinois se bute à sa complexité aromatique et nul autre critère n'existe que de boire son vin préféré.

Les questions de couleurs et de goûts ne se discutent pas et donc, un blanc sec, voire corsé, pourrait faire l'affaire, de la même manière qu'un rouge velouté ou que les grands crus pourraient à la rigueur convenir, à condition que le pâté soit un savant mélange de bœuf de Kobe, de patates bleues et de blé d'Inde issus d'un terroir exceptionnel. Le lait, la boisson préférée des enfants, pourrait faire l'affaire des nostalgiques et le saké tiède, en grandes lampées, est fort apprécié pour dégager les voies respiratoires d'un glouton pressé. Peut-être faut-il s'abstenir de faire des recommandations d'accompagnement qui pourraient gâcher le plaisir tout simple de manger le pâté sans boire ? Pourtant, comment refuser l'appel à trouver des harmonies gustatives entre le classique pâté et le vin, ce qui garantirait à coup sûr sa grandeur gastronomique ?

Puisque le pâté est l'un de nos fleurons culinaires, il serait finalement légitime et heureux de le boire avec un bon vin de chez nous. Il aurait un goût de terroir incomparable qu'auraient aimé connaître nos aïeux. Maintenant que nos terres sont couvertes de cépages tels le Maréchal Foch ou encore le De Chaunac pour le vin rouge, ou le Vidal ou le Seyval pour le blanc, nous pouvons boire à plusieurs mamelles du cru. Comme le pâté est à des degrés divers toujours un peu sucré, un vin sec pourrait faire l'affaire, à condition qu'il soit assez acide pour rincer les papilles et, donc, raviver le goût du pâté plus efficacement qu'un rince-bouche. Mais vous êtes seul juge et je ne peux que vous suggérer de faire la route des vins, avec le pâté chinois tenu à la bonne température dans la voiture et, à chaque halte, de déboucher un goulot, tester l'harmonie des saveurs sur les tables à pique-nique, repartir chez le viticulteur suivant et poursuivre ces essais absolument nécessaires pour faire un choix éclairé. Prévoyez plusieurs chauffeurs.

Certains s'étonneront à juste titre que nous n'en ayons que pour le vin alors que la bière est quasiment une boisson nationale. Après tout, quand le pâté chinois a vu le jour, la bière n'était-elle pas, plus que jamais, la boisson la plus populaire ? Il est ainsi plaisant d'imaginer que les pionniers du pâté chinois buvaient tranquillement une bière locale, l'ancêtre de notre Labatt 50… qui, aux États-Unis, lors des fêtes du premier centenaire de l'État fédéral, en 1876, avait gagné la médaille d'or d'un concours à Philadelphie ! Comme la qualité de l'eau est déterminante pour le goût de la bière, tout l'art est de trouver celle qui serait à la fois assez douce pour accompagner le velouté du pâté chinois et suffisamment amère pour stimuler l'appétit et nous inciter à faire suivre la première bouchée d'autres solides coups de fourchette.

Il arrive parfois qu'on s'assigne, pour des raisons obscures propres aux missionnaires, sinon aux visionnaires, une mission impossible. Un des constats forts de notre recherche est que, malgré la popularité du plat, personne n'a jamais pensé tester une douzaine de bières brassées au Québec avec un pâté digne de ce nom. Il n'en fallait pas plus pour que quelques volontaires, comme en témoignent les photos de la page suivante, acceptent un midi de boire et de manger inconsidérément. Il faut dire que le pâté chinois crée étrangement une soif de bière et que celle-ci ouvre étrangement de plus en plus l'appétit…

Malgré l'appel de l'aventure, nous n'avons pas été assez téméraires pour nous lancer à la découverte des accords bière-pâté chinois sans un guide digne de ce nom. Stéphane Morin, maître ès bières et bardé de diplômes houblonnés, a accepté de se joindre à nous. Avec le sérieux des papes, mes compères et moi-même avons goûté tour à tour aux bières alignées de la plus douce à la plus forte, afin d'écouter le chant discret de nos papilles. Nous ne

décrirons pas nos jeux de mâchoires et nos expressions si sérieuses que le pâté lui-même en vint à se prendre pour un plat de haute cuisine. Nous ne décrirons pas les mille nuances en bouche des bières et leurs couleurs dont le spectre allait de la blondeur du blé à la noirceur du café. Nous ne décrirons pas non plus les soupirs légers des bulles qui, ayant perdu dès l'ouverture de la bouteille un peu de leur gaz carbonique, s'adoucissaient en bouche. À l'unanimité, quatre bières ont rallié les opinions et ont obtenu la palme de la béatitude : la 50 qui, malgré son âge vénérable, était de belle vigueur; la Tremblay, blonde aux nuances sucrées-salées; l'Achouffe, légèrement caramélisée; et finalement, la Belle Gueule rousse. Appelé à trancher, car il était impensable qu'il n'y ait pas de grande gagnante ce jour-là, notre expert Stéphane Morin s'est prononcé pour la Belle Gueule, dont la rencontre avec le pâté chinois, à mon humble avis, fut une révélation de complexité, d'harmonies complémentaires et de plénitude improbable. Nous avertissons toutefois le lecteur que, selon le pâté chinois, la bière partenaire peut changer et que les risques d'accoutumance sont élevés !

En somme, le pâté chinois classique ou gastronomique est une personnalité changeante et, s'il sait se plier aux caprices du cuisinier et du sommelier, il écoute aussi les conseils avisés, comme si ces deux-là se connaissaient, sans qu'on le sache, de toute éternité.

Appel à tous les citoyens du ventre… et de la gastronomie québécoise

Arrivé au terme de notre parcours, il est clair que le pâté chinois n'est pas un plat comme les autres. Véritable référence culturelle, il est désormais présent dans de nombreux secteurs de notre vie sociale et culturelle. Il connaît de nos jours une formidable expansion, ralliant non seulement les goinfres, les gourmands et les voraces, mais aussi, les gastronomes accomplis. Notre populaire pâté, dans tous les sens du terme, témoigne en effet d'une capacité d'adaptation époustouflante. Si sa version classique est inscrite au cœur de notre identité collective, notre pâté, aujourd'hui sous l'inspiration de chefs créateurs, prend des allures de repas raffiné, formé de produits fins révélant des jeux de saveurs des plus contemporains. Les plus grands cuisiniers ne sauraient s'en passer pour prouver leur savoir-faire et leur originalité de la même manière que les écoliers découvriront que manger du pâté chinois un jour, c'est être dépendant pour toujours.

La trajectoire sociale du pâté chinois est proprement incroyable, car ce plat probablement longtemps relégué aux mauvais quartiers de Montréal a fini par devenir un plat digne de ce nom. Les années qui suivent l'Exposition universelle de 1967 ont été les années de consécration. Les petit-bourgeois et les jeunes générations scolarisées pouvaient enfin le mettre à leur table sans culpabilité. Plus qu'un plat ouvrier, le pâté chinois était enfin reconnu comme un plat original, un plat québécois à part entière. Et le voilà maintenant ni plus ni moins que plat national mangé dans tous les recoins de la province avec le même plaisir partagé, tous âges et catégories socio-économiques confondues.

Pourtant, si le pâté chinois ne s'est manifestement jamais si bien porté, l'échec de nos recherches n'en est que plus cuisant ! Son origine reste un mystère et les origines de son nom sont tout aussi obscures. Son acte de baptême est impossible à retrouver et son nom pourrait nous faire croire qu'il est un enfant adopté. Hors, il est proprement fascinant de constater que ce plat longtemps ignoré voit aujourd'hui son avenir assuré. Le mystère de son nom a mis d'emblée les rieurs et les joueurs de son côté et, s'il en a quelque peu pâti au début, par la suite, l'humour presque inscrit dans sa nature a permis d'inventer à partir de lui des plats indéniablement surréalistes. Et voilà sa carrière de comique lancée. Étoile montante du cirque culinaire, il invite au rire sous la tutelle solaire du blé d'inde. Ainsi, le pâté chinois est un des rares plats qui émet des rayonnements de joie et de bonheur.

On comprendra qu'en temps normal, l'incapacité de l'auteur à retrouver les origines d'un plat aurait dû être une source de désespoir intense. Mais, dans les circonstances, comment être véritablement déprimé? Certes, il est pénible de constater qu'après tant d'efforts, son passé soit toujours insaisissable. Si pas une seule des rumeurs qui courraient sur la place publique n'a trouvé ici quelque validité, inversement, nous n'avons aucune certitude sur sa véritable identité. Aucune piste solide nous a conduit à la révélation recherchée et notre pâté, en remontant le temps, est devenu un enfant des limbes, presque un plat auto-créé par quelque puissance aussi mystérieuse que bénéfique.

Désorienté, démuni, mis en échec, il ne reste que deux voies pour sauver la face, comme disent les Chinois. Passer le reste de sa vie à chercher dans des archives, en espérant pouvoir un jour donner un sens à toutes ces incertitudes ou, capitalisant sur le statut national de ce plat choisi par le *vox populi*, s'en remettre, comme les politiciens, au peuple. Nous choisissons sans aucune hésitation cette seconde option.

Il faudrait que tous se mobilisent et, qu'ainsi, nous puissions, en-semble, nous donner toutes les chances d'avoir une réponse. C'est pourquoi, solennellement, je lance un appel à tous les lecteurs de même qu'à leurs familles, cousins proches et éloignés, voisins, amis, collègues de travail et relations de toutes natures. J'ai besoin de vous. J'ai besoin de vos connaissances, de votre documentation, de vos archives de familles. Si vous nous avez suivi jusqu'à présent, vous avez vu que nous nous sommes désâmés pour faire une his-toire digne de ce nom à notre plat désormais national. Nous avons suivi chaque piste, gratté chaque trace, épuisé chaque possibilité qui, toutes, sont devenues des impasses. Nous n'avons jamais rencontré le moindre élément sérieux qui diminue nos incertitudes. Et le contraire serait plutôt vrai.

Le dernier acte de notre histoire n'est donc pas entièrement joué et nous espérons que, de votre participation, sorte la vérité. Œuvre vraisemblablement issue du génie montréalais, le pâté chinois atteindra sa vraie grandeur quand son histoire entière aura été re-constituée. Fouillez les archives familiales, communiquez avec nous et nous pourrons faire en sorte que l'histoire complète de définitive du pâté chinois soit écrite sans délais. Et, bientôt, vous pourrez lire à vos enfants, sur le point de s'endormir, la fabuleuse histoire que vous auriez aimé que votre maman vous raconte.

Alors, pour le futur bonheur de tous les Québécois, pour celui de toute votre descendance, pour moi aussi modeste auteur, mais aussi, plus glorieusement, pour que le pâté chinois soit irréversi-blement notre plat national, venez déposer sur *patechinois.info* vos témoignages, explications et théories. Ainsi, tous ensembles, nous pourrons peut-être percer l'insondable mystère du pâté chinois.

Annexe :
Recettes !

Chef : Annie Beauregard

LE MARMITON

301, RUE NOTRE-DAME

GRANBY

450 360-4889

INGRÉDIENTS POUR 6 PERSONNES

Steak :
1 jarret de porc d'environ 2 kg
Gras de canard
Sel et poivre au goût

Patates :
8 grosses pommes de terre
15 ml de beurre fondu
30 ml de crème 35%, chaude
Sel et poivre au goût
1 œuf, battu

Blé d'Inde :
30 ml de beurre
8 pommes, coupées en tranches
1 oignon, ciselé
1 gousse d'ail, hachée
5 ml de cannelle
2,5 ml de gingembre
2,5 ml de muscade
1 pincée de clou de girofle
Sel et poivre au goût
45 ml d'Ensorceleuse des Vergers
de la Colline ou de cidre de glace
45 ml de sirop d'érable

Faites fondre le gras de canard sur un feu doux, puis ajoutez le jarret de porc. Faites cuire le tout à feu très doux pendant plusieurs heures (environ 6 heures) jusqu'à ce que la viande se détache facilement de l'os et qu'elle devienne tendre. Égouttez et gardez le gras de canard pour une autre utilisation (vous pouvez le faire congeler). Désossez et effilochez la viande. Salez et poivrez à votre convenance. Étendez le tout dans un plat rectangulaire allant au four. Réservez.

Coupez des tranches de pommes, ciselez un oignon et hachez une gousse d'ail. Dans un poêlon, faites fondre le beurre et faites dorer les pommes, l'oignon et l'ail à feu vif. Une fois les pommes colorées, déglacez le poêlon avec le cidre. Laissez réduire de moitié, puis ajoutez le sirop d'érable et les épices. Laissez encore réduire de moitié, tout en vous efforçant de garder quand même le mélange assez juteux. Ensuite, étendez le tout sur le porc confit et réservez.

Plongez les pommes de terre dans un chaudron d'eau bouillante. Une fois qu'elles sont cuites, égouttez-les. Écrasez les pommes de terre, puis ajoutez le beurre fondu, la crème chaude et les assaisonnements. Ensuite, pilez le tout de manière à obtenir une belle purée lisse. Étendez le tout dans le plat rectangulaire, de manière à former la couche du dessus. Vous pouvez utiliser une poche à pâtisserie pour faire une belle présentation. Ensuite, badigeonnez les pommes de terre de l'œuf battu (dorure). Finalement, faites cuire au four durant environ 30 minutes à 350 °F. Bon appétit !

Chef :
Jean Mourre

LE BALZAC

1560, RUE PRINCIPALE

GRANBY

450 375-7667

INGRÉDIENTS POUR 4 PERSONNES

P 116 & 117

Steak :
6 pièces de boudin noir artisanal

Patates :
4 grosses pommes de terre
2 pincées de noix
de muscade en poudre
Beurre
Crème fraîche
Sel et poivre

Blé d'Inde :
8 pommes du Québec

Choisissez un boudin noir artisanal préparé à la façon traditionnelle. Celui-ci est généralement composé de sang de porc, de gras de porc, d'oignons, d'épices Margerie, de sel, de poivre et d'un mélange de quatre épices.

Pour apprêter le boudin, retirez la chair du boyau et disposez-la au fond d'un plat allant au four.

Pelez les pommes et coupez-les en morceaux. Dans un poêlon, faites-les sauter dans du beurre jusqu'à ce qu'elles commencent à dorer. Disposez ensuite le tout par-dessus le boudin.

Lavez, épluchez et coupez grossièrement les pommes de terre. Faites-les cuire à l'eau bouillante jusqu'à ce qu'elles soient complètement cuites, puis versez-les dans une passoire.

Réalisez ensuite la purée. Dans un bol, versez les pommes de terre que vous pilerez. Ajoutez la crème fraîche, puis le beurre et mélangez le tout. La purée devient alors moins consistante. Assaisonnez le tout de sel, de poivre et de noix de muscade en poudre. Répartissez ensuite la purée par-dessus les pommes. Finalement, mettez le plat quelques minutes au four afin de gratiner le dessus. Servez.

Chef :
Rony Charles

LE FLORÈS

4291, 50ᴱ AVENUE

STE-FLORE-DE-GRAND-MÈRE

819 538-9340

INGRÉDIENTS POUR 4 PERSONNES

Steak :
4 cuisses de canard confit du marché
100 ml de porto
125 ml de fond de veau
2 échalotes françaises

Patates :
2 céleris-raves
Crème
Beurre
Huile végétale
Sel et poivre

Blé d'Inde :
2 pommes Golden
Maïs en grains (facultatif)

Versez le porto dans le fond d'un poêlon et réduisez-le à sec avec les échalotes préalablement hachées finement. Ajoutez le fond de veau et réduisez le tout de moitié. Ensuite, rajoutez le canard confit et réduisez presque à sec, de manière à ce que la chair de canard boive le jus.

Coupez les pommes Golden en dés, versez-les dans un poêlon et faites-les sauter au beurre jusqu'à ce qu'elles soient légèrement craquantes. Ensuite, ajoutez un peu de maïs au tout si vous le souhaitez.

Faites quatre tranches fines de céleri-rave, puis faites-les frire dans l'huile. Remisez les chips ainsi obtenues pour la finition. Réduisez en purée le reste des céleris-raves à l'aide d'un presse-purée. Rajoutez un peu de crème et un peu de beurre au tout, à votre convenance. Salez et poivrez également à votre convenance.

Montez le tout dans une verrine, le canard au fond, les pommes dans le milieu et la purée de céleris-raves au sommet. Dorez la surface des verrines en dessous d'un élément chauffant, puis décorez-les en ajoutant une chips de céleri-rave au sommet de chacune d'entre elles.

Chef :
Danny St-Pierre

AUGUSTE

82, RUE WELLINGTON NORD

SHERBROOKE

819 565-9559

INGRÉDIENTS POUR 4 PERSONNES

Steak :

4 cuisses de canard confit,
la peau retirée et émiettée
2 gros oignons, émincés et caramélisés
200 ml de jus de rôti

Patates :

4 pommes de terre Yukon Gold,
pelées et en gros dés
100 ml de beurre

Blé d'Inde :

4 épis de maïs, blanchis et égrainés

Accompagnements :

1l de roquette
250 ml d'oignons rouges, ciselés

Passez les pommes de terre au moulin à légumes de manière à obtenir une purée de pommes de terre. Ensuite, montez le tout au beurre et réservez dans une poche dotée d'une douille cannelée.

Dans quatre petits creusets, étalez un mélange de canard, d'oignons et de jus de rôti. Saupoudrez le tout de maïs.

Pour la couche finale, dressez la purée en ligne droite et passez au four à 375 °F pendant 30 minutes, de manière à dorer la purée. Servez le pâté chinois avec de la roquette et de l'oignon rouge enlacés d'un peu de vinaigrette et d'un bon ketchup maison. Ajouter une escalope de foie gras poêlé ne fait jamais de tort non plus...

Chef :
Madeleine Paquette

PLAISIRS DU GRILL

57, RUE CHURCHILL

GREENFIELD PARK

450 550-4499

INGRÉDIENTS POUR 6 PERSONNES

Steak :
1 **kilo** de cuisses de cerf
1 carotte
1 oignon
2 branches de céleri
2 gousses d'ail
2 feuilles de laurier
30 **ml** de fécule de maïs

Patates :
600 **gr** de purée de pommes de terre
60 **ml** de beurre
50 **ml** de lait chaud
Sel et poivre
45 **ml** d'huile d'olive aux herbes

Blé d'Inde :
2,25 **kilos** d'oignons émincés
30 **ml** de beurre
5 **ml** de miel de trèfle
5 **ml** de poivre moulu
90 **ml** de porto

Accompagnement :
250 **ml** de vinaigre balsamique
125 **ml** de sirop d'érable

Placez les cuisses de cerf dans un poêlon et faites cuire jusqu'à ce qu'elles soient dorées. Ensuite, disposez le tout dans un plat en vitre, avec l'oignon, la carotte et les branches de céleri coupés en dés. Ajoutez également les gousses d'ail et les feuilles de laurier. Préchauffez le four à 350 °F et laissez le tout cuire au four environ trois heures, jusqu'à ce que la chair des cuisses se détache elle-même des os. Retirez la viande et filtrez le jus. Conservez le jus de cuisson ainsi obtenu.

Dans un poêlon, placez les oignons émincés, le beurre, le miel de trèfle et le poivre moulu. Faites revenir le tout jusqu'à ce que les oignons soient caramélisés, puis déglacez avec le porto et laissez réduire.
Dans un bol, pilez les patates jusqu'à ce que vous obteniez une purée homogène. Ensuite, ajoutez le lait chaud, le beurre préalablement réchauffé et l'huile d'olive aux herbes. Saupoudrez de sel et de poivre.

Mélangez le tout jusqu'à ce qu'il devienne homogène.

Versez le jus de cuisson mis de côté dans un bol, puis liez-le avec la fécule de maïs. Dans un plat rectangulaire ou rond, disposez en premier lieu la viande de cerf, qui constitue la couche du bas, puis ensuite les oignons caramélisés, qui constituent la couche du milieu. La couche du dessus est bien entendu constituée de la purée de pommes de terre. Dans l'assiette, versez un coulis de la sauce obtenue à partir du jus de cuisson.

Accompagnement (réduction de balsamique)
Versez le vinaigre balsamique et le sirop d'érable dans une petite casserole, et réduisez le tout à feu moyen jusqu'à ce qu'il atteigne la consistance voulue. Finalement, décorez le pâté chinois à votre guise avec la réduction ainsi obtenue.

Chef :
Alexandre Gosselin

BAR ET BŒUF

50, RUE MCGILL

MONTRÉAL

514 866-3555

INGRÉDIENTS POUR 4 PERSONNES

Steak :
4 cuisses de canard

Patates :
1 kilo de céleris-raves
1 litre de lait 3,25 %
100 g de beurre non salé
Sel marin et poivre
1 sac de pop-corn salé non éclaté

Blé d'Inde :
500 ml de crème 35 %
250 ml de lait entier
1 kg de maïs en grains, congelé ou en boîte
500 g de maïs en grains, congelé, blanchi
Sel et poivre au goût

Accompagnement :
15 tomates ou **2** boîtes de **450 ml**
100 ml de pâte de tomate
3 poires et **3** pêches (ou prunes ou pommes rouges)
3 oignons rouges moyens
500 ml de vinaigre blanc
450 g de sucre
1 c. à soupe de sel marin
1 c. à soupe d'un mélange de poivre concassé, clou de girofle et anis étoilé (ou graines de fenouil), réduit en poudre au moulin à café

Pour confectionner la mousseline de céleri-rave, épluchez d'abord les céleris-raves, puis coupez-les en petits cubes. Ensuite, versez le tout, avec le lait, le sel marin et le poivre, dans un poêlon. Laissez cuire à feu moyennement doux pendant 30 minutes ou jusqu'à ce que la pointe d'un couteau puisse traverser la chair du légume. Assaisonnez, écrasez au pilon et ajoutez le beurre pour lisser la texture.

Pour préparer le chowder de maïs, blanchissez les 500 g de maïs en grain dans de l'eau salée. Pendant ce temps, dans une casserole, faites chauffer la crème, le lait et le maïs pendant 30 minutes à feu moyennement doux. Passez ensuite le tout au mélangeur de manière à obtenir une texture lisse et onctueuse. Évitez de liquéfier le mélange. Laissez refroidir et ajoutez les grains de maïs blanchis.

Retirez la chair des cuisses de canard, puis faites-la réchauffer dans un peu de bouillon de volaille afin de la mouiller légèrement.

Dans un plat de gratin, étalez la chair de confit. Ajoutez ensuite la crème de maïs et terminez par une couche de mousseline de céleri-rave. Ensuite, faites éclater le pop-corn au micro-ondes pendant trois minutes, puis réduisez la quantité que vous jugez nécessaire en poudre. Saupoudrez le tout sur votre pâté chinois, en guise de finition. Enfournez pendant 30 minutes à 350 °F, et passez le tout sous le gril quelques secondes pour donner de la couleur.

Accompagnement (Ketchup aux fruits de sa grand-mère)
Coupez finement les oignons, puis mettez-les dans un poêlon avec le vinaigre, le sucre et le sel marin. Laissez fondre le sucre à feu moyen, pendant 10 minutes. Ensuite, coupez en dés les poires et les pêches, puis rajoutez-les dans le poêlon. Ajoutez également les tomates, la pâte de tomate et les épices. Laissez cuire le tout à feu doux pendant deux heures environ, à découvert.

Chef :
Guillaume Delaune

VALLIER

425, RUE MCGILL

MONTRÉAL

514 842-5132

Steak :
120 g de canard confit

Patates :
Purée de pommes de terre en quantité suffisante

Blé d'Inde :
60 g de maïs en crème
60 g de maïs en grains

Accompagnement :
Grosses tomates
ou tomates italiennes
Pomme
Gros oignon
Poivron rouge
Branche de céleri
Sucre semoule
Sucre cassonade
Pêches en conserve
Vinaigre blanc
Sel

Préparez d'abord le canard confit. Pour ce faire, mettez à saler les cuisses de canard la veille au soir, avec un mélange de gros sel, de feuilles de laurier, de poivre en grains, de clous de girofle et de baies de genièvre (parsemez très légèrement les cuisses de canard avec le mélange). Le lendemain, rincez abondamment les cuisses, séchez-les, puis mettez-les dans un plat allant au four. Recouvrez les cuisses de gras de canard et faites-les confire doucement au moins trois heures à 275 °F. Une fois cuite, la chair se détachera très facilement de l'os. Décortiquez les cuisses et réservez au frais.

Pour la purée, faites cuire des pommes de terre Yukon Gold, passez-les au moulin à légumes, puis ajoutez au tout de la crème 35 % et un peu de beurre. Ensuite, procédez au montage. Pour ce faire, mettez une bonne quantité de canard confit au fond, puis ajoutez environ 60 g de maïs en crème et 60 g de maïs en grains. Recouvrez le tout avec la purée de pommes de terre. Réchauffez au moment du repas au moins 10 minutes dans un four à 375 °F. Servez le tout avec un ketchup maison.

Accompagnement (Ketchup)
Mondez les tomates et coupez tous les ingrédients en petits dés. Ensuite, ajoutez les autres ingrédients et faites cuire le tout à feu très doux durant deux à trois heures, puis ajoutez les pêches à la fin.

Notes

[1] *L'actualité*, 1er mars 1993, p. 12

[2] NEVERT, Michèle. *La petite vie ou les entrailles d'un peuple*, XYZ éditeur, 2000, p. 93.

[3] ARCAND, Bernard, Serge Bouchard. *Du pâté chinois, du baseball et autres lieux communs*, Éditions Boréal, 1995, p. 16.

[4] SOULARD, Jean. *400 ans de gastronomie au Québec*, Communiplex marketing inc., 2007, p. 119.

[5] LEE, David. « *Chinese construction worker on the Canadian Pacific* », *Railroad History*, no 148, 1983, p. 43-57.

[6] BERTON, Pierre. *Le grand défi — le chemin de fer canadien*, Montréal, Éditions du Jour, 1975.

[7] GOOSSAERT, Vincent. *L'interdit du bœuf en Chine — Agriculture, éthique et sacrifice*, Éditions du Collège de France, Paris, 2005.

[8] Voir *L'épicerie*, Radio-Canada : http://www.radio-canada.ca/actualite/lepicerie/docArchives/2003/04/18/question-public.html

[9] *Fannie Farmer Cookbook*, Boston Cooking School, 1896.

[10] BÉLANGER, Damien-Claude. *French Canadian Emigration to the United States*, 1840 - 1930, Quebec History : http://faculty.marianopolis.edu/c.belanger/QuebecHistory/readings/leaving.htm

[11] FYSON, Donald. « *Du pain au madère : l'alimentation à Montréal au début du 19e siècle* », *Revue d'histoire de l'Amérique française*, vol. 46, no 1, 1992, p. 67-90.

[12] LEVENSTEIN, Harvey. *Revolution at the table*, University of California Press, 1987, p. 31. (On peut y lire : « For the urbain consumer, however, the benefits were visible on the table. Beef prices decline fairly steadily in the 1870's and 1880's and while the price drop... the quality of beef in eastern markets improved. »)

[13] On pourra lire notamment : BRUEGEL, Martin. « *Le repas à l'usine : industrialisation, nutrition et alimentation populaire* », *Revue d'histoire contemporaine*, 2004-3, p. 183-198 et LHUISSIER, Anne. *Alimentation populaire et réforme sociale*, Éditions Quae, 2007, 284 p.

[14] Voir notamment : http://www.crateart.com/forums/showthread.php?t=15

[15] *Transformation des aliments et diffusion des produits alimentaires (1850-1930)*, Annie Chouinard in Musée McCord : http://www.musee-mccord.qc.ca/scripts/explore.php?Lang=2&tableid=11&tablename=theme&elementid=94__true&contentlong

[16] LEVENSTEIN, Harvey. *Op. cit.*, p. 37.

[17] LINTEAU, Paul-André, René Durocher, Jean-Claude Robert, François Ricard. *Histoire du Québec contemporain*, Boréal, 1989, p. 429

[18] *Ibid*, p. 474.

[19] GRANGER, Serge. *Le lys et le lotus*, VLB éditeur, 2005, p. 52.

[20] POIRIER, Claude. « Le trésor de la langue française au Québec », *Québec français*, mai 1988, p. 96-97.

[21] Nous avons lu toutes les archives de l'année 1930. Pour les autres années, nous nous sommes centré sur différentes périodes d'automne, d'un minimum de trois mois, en espérant que le moment de la récolte de maïs donnerait lieu à plus de recettes. Avec le succès que l'on sait...

[22] *La Presse*, 9 septembre 1927.

[23] *La Presse*, 11 octobre 1927.

[24] LAMBERT, Michel. *Histoire de la cuisine familiale au Québec*, Éditions GID, Québec, 2006, p. 396.

[25] GRANGER, Serge. *Op. cit.*, p. 53.

Crédits
photographiques

P. 22-23 *Un soldat canadien se régale de mûres fraîchement cueillies dans les bois de Bourlon, octobre 1918.* Bibliothèque et Archives Canada. Collection du ministère de la Défense nationale. 1964-114. PA-003419

P. 28-29 Photographie par Jenny de Jonquières

P. 38-39 *Groupe d'ouvriers chinois du CP, Parc des Glaciers, C.-B., 1889* © Musée McCord, VIEW-2117

P. 59 *Bouchers dans un entrepôt de viande,* Montréal (?), QC, vers 1920 © Musée McCord MP-0000.587.92

P. 60 Gravure, *Ganong and Wilson, épicerie et provisions* © Musée McCord M930.50.3.327

P. 96-97 Photographies par Dominick Gravel

P. 101 Photographie par Jenny de Jonquières

P. 106-107 Photographies par Dominick Gravel

P. 114-126 Photographies par Jenny de Jonquières

Remerciements

Nous tenons à remercier tous ceux et celles qui, d'une manière ou d'une autre, nous ont apporté leur collaboration empressée et empreinte de joyeuse humeur. Ainsi, et dans l'ordre d'apparition, nous nommons :

Danielle Picard, de la Fondation Horace-Boivin

Lyne Boisvert, de la Chambre de commerce et d'industrie de Shawinigan

Alexandre Gosselin, chef au restaurant Bar et bœuf à Montréal

Laurent Godbout, chef au restaurant L'Épicier à Montréal

Stéphane Morin, sommelier et éditeur de la revue *Effervescence*

Andrée Drolet, de la Fondation de l'Orchestre symphonique de Longueuil

John Fladd, étudiant américain

Julian Armstrong, journaliste à *The Gazette*

Julien Brault, éditeur, pour ses nombreuses suggestions

Finalement, je tiens à remercier ma femme, mes filles et mes petits-enfants, Guillaume et François, grâce auxquels je mange toujours beaucoup de pâté chinois !

Ajoutez vos recettes !